Dietrich Steinwede

Die schönsten Weihnachtslegenden

Gütersloher Verlagshaus

Bibliografische Information Der Deutschen Bibliothek
Die Deutsche Bibliothek verzeichnet diese Publikation in der Deutschen
Nationalbibliografie; detaillierte bibliografische Daten sind im Internet über
http://dnb.ddb.de abrufbar.

ISBN 3-579-05450-3
2. Auflage 2004
© Gütersloher Verlagshaus GmbH, Gütersloh 2003

Umschlaggestaltung: Init GmbH, Bielefeld
Umschlagillustration: Katharina Henrici, Hamburg
Satz: Katja Rediske, Landesbergen
Druck und Bindung: Oldenbourg Taschenbuch GmbH, Kirchheim

www.gtvh.de

Inhalt

5

$\mathcal{D}$ie Nacht der Nächte

$\mathcal{D}$er Stall der Welt

$\mathcal{K}$önige kommen

6.1.03 !

26.12.04 ?

$\mathcal{H}$erodes und das Kind

Nach Ägypten

Der Christusträger

Vorwort

Die Legende ist nicht, wie man gelegentlich meint, etwas sagenhaft Unglaubwürdiges, vielmehr ist sie gleich dem Märchen eine einfache Sprachform, die ihre sehr eigene, oft tiefe Wahrheit enthält. Will man sie mit einer bildnerischen Kunstform vergleichen, so bildet sie nicht naturalistisch ab (etwa ein historisches Ereignis), nein, sie macht gleich der expressionistischen Kunst etwas von innen her sichtbar. Sie kann als »Gleichnis der Wirklichkeit« Übersinnliches (Göttliches) konkret Gestalt gewinnen lassen. Wenn ihr dabei das Wunderbare oft selbstverständlich ist, darf dies nicht verwundern.

Weihnachtslegenden, die die neutestamentlichen Urlegenden des Matthäus und des Lukas umspielen, sind über 2000 Jahre hinweg bis in die Gegenwart immer wieder neu entstanden. Mit ganz unterschiedlichen Akzenten und Motiven entfalten sie das Urgeschehen der Weihnacht, spinnen es weiter, wandeln es ab. Visionär, traumhaft, oft erfüllt vom Geheimnis des Göttlichen, erhalten sie den Zauber der Weihnacht in einer Zeit, in der die Freude über die Geschenke längst die Freude über die Geburt des Kindes überwiegt – die eigentliche Bedeutung des Festes ist nur noch den wenigsten bewusst.

Mit seinen eindringlichen, farbigen, spannenden und besinnlichen Geschichten möchte dieses Buch Sie mitnehmen auf eine weihnachtliche Reise, weg vom Alltag und hin zum Fest der Liebe und des Friedens. Ein Buch zum Schmunzeln, zum Aufhorchen und zum Nachdenken – für alle, die in Weihnachten mehr sehen möchten als nur einen Baum, Kerzen und Geschenke.

Dietrich Steinwede

Ehre sei Gott in der Tiefe

So war das mit den Engeln
Theodor Leonhard

Streit war ausgebrochen unter den Engeln. Die besten Sänger hatte der Herr zu einem Chor zusammengestellt. Mit feierlicher, fast erregter Stimme hatte er sie mit einem besonderen Auftrag versehen. Sie sollten weit fort bei der Geburt des Sohnes ihres Herrn singen.

Auf dem Weg dorthin war nun Streit unter ihnen ausgebrochen. Zwei kleine Engelchen, auf der untersten Stufe der Engelhierarchie, behaupteten, der Herr hätte ihnen aufgetragen, sie sollten bei diesem Ereignis einen anderen Text singen. Bisher pflegten sie immer in den verschiedensten Variationen denselben Text zu singen: »Ehre sei Gott in der Höhe.« Und es war wirklich beeindruckend, ihnen zuzuhören, was sie aus dem Text mit ihren Instrumenten und mit ihren Stimmen alles herausholten.

Aber nun war Streit unter ihnen ausgebrochen. Jene zwei schon erwähnten Engelchen, das eine mit krummen Beinen, das andere mit weit abstehenden Flügeln, behaupteten, der Herr hätte ihnen dieses Mal einen anderen Text aufgetragen.

Einige der anderen Engel waren unsicher. Seltsam war es schon, wie der Herr zu ihnen gesprochen hatte. Aber er hatte manches Mal seine unberechenbaren Launen. Besonders auffällig war in der letzten Zeit seine offenkundige Sympathie für die Menschen auf der Erde. Das führte schon seit einiger Zeit zu seltsamen Entschlüssen des Herrn. Der Höhepunkt dieser Sympathie für die Menschen war, dass der Herr ausgerechnet bei diesen Menschen seinen Sohn geboren werden ließ. Völlig unverständlich für die Engel. So musste wenigstens gerettet werden, was noch zu retten war, dachte sich der Erzengel und Obersänger. Das unverständliche Ereignis musste wenigstens mit himmlischer Sphärenmusik umrahmt werden. Die Menschen sollten bei der Geburt wissen, dass sie es mit dem Herrn und nicht mit einem ihresgleichen zu tun hatten. Der Erzengel und seine treuen Diener wussten, was sie ihrem Herrn schuldig waren.

Nur diese zwei Engelchen machten Schwierigkeiten und brachten Unruhe unter die Engelschar. Sie behaupteten, der Herr hätte ihnen einen neuen Text aufgetragen. Sie sollten nicht mehr singen: »Ehre sei Gott in der Höhe«, sondern »Ehre sei Gott in der Tiefe«. So Unrecht hatten sie ja gar nicht. Der Erzengel hatte es ja auch gehört. Aber das ging nun wirklich über seine himmlische Hutschnur. Das konnte nicht wahr sein, dass Engel plötzlich nicht mehr die himmlische Höhe, sondern die irdische Tiefe besingen sollten. So weit konnte auch ein Engel nicht den Launen seines Herrn folgen. Und außerdem waren es ja zwei Engelchen ganz unten in der Hierarchie, die so nachhaltig auf dem neuen Text beharrten. Die wollten sich doch nur wichtig machen und sich in den Augen des Herrn hervortun. Man kannte sie ja, diese Unruhestifter, die immer etwas Neues wollten. Mit einem scharfen, fast drohenden Blick beendete der Erzengel den ausgebrochenen Streit. Er ermahnte die beiden Aufsässigen, sie sollten sich an das Gewohnte halten, ansonsten sei ihre himmlische Karriere beendet, bevor sie richtig begonnen habe.

Von weitem sahen sie die hell erleuchtete Stadt Jerusalem. Aber der Stern, der ihnen als Wegweiser mitgegeben war, zeigte ihnen deutlich, dass ihr Weg weiterführte auf ein Hirtenfeld nahe bei dem fast unbekannten Provinznest Bethlehem. So richtige Stimmung wollte bei den Engeln in dieser Umgebung gar nicht aufkommen. Vor ein paar erschrockenen Hirten hatten sie noch nie Musik gemacht.

Nur zwei kleine Engelchen fielen den Hirten besonders auf, das eine mit den krummen Beinen, das andere mit den abstehenden Flügeln. Sie sangen besonders fröhlich und hüpften lustig auf dem Feld herum. Und als der mit den krummen Beinen ganz nah an einem Hirten vorbeikam, flüsterte er ihm leise ins Ohr, so dass es der Erzengel nicht hören konnte: »Ehre sei Gott in der Tiefe.« Da wurde der erschrockene Hirte ganz froh, und später erzählte er es seinen Freunden und die wurden auch froh, und der neue Text des himmlischen Herrn hatte sich bald herumgesprochen.

13

Vom Engel, der am Weihnachtsabend weinte
Werner Reiser

Als die Menge der himmlischen Heerscharen schon unterwegs zur Geburt des Kindes war, blieb ein einsamer Engel noch eine Weile in der Höhe zurück. Das sollte ihn teuer zu stehen kommen. Er fühlte sich in der himmlischen Einsamkeit wohl und zog in großen Bewegungen dahin. Dabei gelangte er zum »Palast der tiefsten Geheimnisse«. Er spürte es erst, als er in der Nähe war und ein unbekannter Sog ihn immer mehr gefangen nahm. Da blickte er auf und sah den Palast. Der war unbewacht und stand weit offen. Alle seine Wächter waren auf dem Weg zur Erde, um dort das schönste Geheimnis der Menschwerdung mit eigenen Augen anzusehen. Was gab es da noch Weiteres zu bewachen und zu verbergen, wenn es doch jetzt aller Welt sichtbar werden sollte?

Das Geheimnis aus der Höhe begann jetzt eben in der Tiefe zu atmen und da zu sein. So war der Palast unbewacht und schien leer. Dennoch ging eine seltsame Kraft von ihm aus und ließ dem einsamen Engel keine Ruhe. Er fühlte sich immer näher hingezogen und konnte der Kraft nicht mehr ausweichen. Zwar haben auch Engel ihre Befehle und fühlen sich mit ihnen eins. Bei ihnen gibt es keine Kluft zwischen Müssen und Können wie bei uns. Aber für dieses Mal siegte doch die Neugierde, und es gelüstete ihn, in alles hineinzublicken. Er trat in den offenen Palast und folgte den spiralförmig angelegten Gängen, die ihn immer tiefer nach innen führten. An ihren Wänden sah er Bilder und Zeichen, die ihn an vieles erinnerten, was er schon gehört hatte. Anderes wieder war ihm unbekannt und undurchschaubar. Da waren die Urbilder der Schöpfung, die Gesetze und Kräfte alles Lebendigen, Töne, Farben und Formen; da waren die vielen Grundrisse der Geschichte in der Natur und bei den Menschen. Sie standen nicht erstarrt da, sondern bewegten sich unaufhörlich, als ob gerade jetzt wieder Neues entstünde. Weiter innen flossen die Gestalten des menschlichen Zusammenlebens immer neu ineinander, und alles strömte Lust und Leben aus. Dann kamen die Gänge des göttlichen Rufes, der durch alle Welt hin hallte. Dort schwebten die Hoffnungen der Menschen, die Ahnungen der Seher und die Weissagungen der Propheten. Und dann, nach einer letzten Krümmung des Weges, stand er vor dem Innersten, vor der Herzkammer der göttlichen Geheimnisse. Gott selber konnte er nicht sehen. Denn er ist mehr als die Summe seiner Geheimnisse. Aber was er sah, durchfuhr ihn bis zuinnerst. Da waren drei Bilder ineinander verwoben. Er sah die Geburt eines Kindes, als ob es jetzt geschähe. Und er sah den Tod eines Mannes, und der Mann hatte dieselben Züge wie das Kind. Und zwischen beiden Bildern stand wie eine Gestalt mit zwei Armen die Liebe. Aber kaum hatte er die drei Bilder wahrgenommen, flossen sie ineinander über. Und jetzt sah er den Tod des Kindes und die Geburt des Mannes und das schreckliche Gesicht der Liebe. Er schrie auf und fiel zu Boden.

Als er wieder zu sich kam, taumelte er durch die Gänge zurück. Überall stieß er an die Wände, und ihm war, als ob ihm von allen Seiten nur Bilder von Schrecken und Tod entgegenströmten. Die Weissagungen tönten dumpf und drohend, die Hoffnungen zerfielen, die Rufe verhallten, die Gemeinschaften zerbrachen, Menschen und Völker welkten dahin, die Natur litt zu Tode und die Schöpfung barst auseinander. Ihm war, dass auch in seinem eigenen Innern etwas zerbrochen war. So sehr er sich auch bemühte, das ursprüngliche Bild der Liebe zurückzurufen, es gelang ihm nicht. Es kam gegen die anderen Eindrücke nicht an. Sogar als er wieder im Freien war, wurde ihm nicht besser. Auch der Himmel schien ihm gestört zu sein, und die Einsamkeit zermalmte ihn fast.

Da durchfuhr es ihn plötzlich: Ich muss es dem Kind sagen. Ich muss es warnen und beschützen. So schnell er konnte, fuhr er zur Erde nieder. Je näher er ihr kam, desto stärker wurde der Gesang der lobenden Heerscharen. Er drängte sich keuchend durch den Jubel hindurch, und es gelang ihm, bis in die Nähe des Kindes vorzustoßen. Da lag es, wie er es eben gesehen hatte, und über seinem Gesicht stand lächelnd die Liebe. Er versuchte mitzulächeln, aber er vermochte es nicht. Und während er noch schaute, verwandelte sich das Bild, und er sah das Ende. »Ich komme zu spät«, flüsterte er erschrocken und eine abgrundtiefe Traurigkeit befiel ihn. So stand er und starrte, bis ein anderer Engel fragte: »Warum weinst du?« Er konnte nicht antworten. Da sagte ein himmlischer Mitengel: »Du hast gewiss Trauriges erlebt. Schau doch auf das Kind in der Krippe, und du wirst froh werden!« Der Engel antwortete: »Ich sehe kein Kind in der Krippe. Ich sehe einen Mann am Kreuz.« Da schüttelte der fröhliche Engel hilflos den Kopf und wandte sich singend ab. Andere traten herzu und blickten strahlend auf das Kind. Der traurige Engel aber stand da und weinte. Er merkte nicht, dass seine Tränen auf das Kind niedertropften. Ein anderer, auch ein fröhlicher Engel, sah es, unterbrach sein Lied und sagte halb freundlich, halb unwillig: »Wir alle haben unsere Sorgen mit den Menschen. Ich verstehe dich. Aber du darfst doch dieses Kind nicht mit dem Kummer menschlicher Not taufen. Freue dich jetzt mit uns. Zum Trauern ist noch Zeit genug. Singe mit uns, du hast eine so schöne, tiefe Stimme!« Doch der Engel schaute ihn nur traurig an und blieb stumm. Da antwortete der andere: »Ah, du willst nicht? Dann gib uns anderen wenigstens deinen Platz an der Krippe frei. Wir wollen uns jetzt freuen. Du verdirbst uns das Fest.« Und sie drängten ihn fröhlich, aber langsam nach hinten.

So wurde es inmitten der Menge der himmlischen Heerscharen einsam um ihn her. Er ließ sich niedersinken und blieb betrübt sitzen. Der Jubel flutete an ihm vorüber. Endlich nahte sich ein hoher Engel und nahm ihn unter seine Fittiche. Er fragte ihn: »Warum freust du dich nicht? Das ist doch die schönste Stunde aller Ewigkeiten und Zeiten. Hast du das Kind gesehen?« Er flüsterte: »Ich habe es gesehen. Aber ich habe auch den Tod des Mannes gesehen. Wir stehen vor der schrecklichsten Stunde aller Zeiten.« Da erhob sich der hohe Engel zu seiner ganzen Höhe und sagte: »Du warst im ›Palast der tiefsten Geheimnisse‹ und hast geschaut, was nur die erlesenen Auserwählten sehen dürfen. Du bist ein Wissender geworden. Wissende aber müssen leiden. Je größer das Wissen, desto stärker der Schmerz. Das kann dir niemand abnehmen. Das wirst du von jetzt an zu tragen haben, solange Liebe sterben muss, um Leben zu geben.« »Wie wird man mich strafen?«, fragte der traurige Engel scheu. Der hohe Engel antwortete: »Der Himmel straft nicht. Das solltest du doch wissen. Er gibt nur neue Aufgaben. Höre: Du wirst in dieser Nacht überall Menschen aufsuchen, die an sich und der Welt leiden. Nicht alles Leid ist vorherbestimmt, wie du meinst. Geh und suche, wo du Leid abwenden kannst. Du wirst die Menschen ermutigen, auszuharren. Du wirst ihre Herzen öffnen für neue Zuversicht und ihre Hände stärken zu neuen Taten. Du wirst ihnen zeigen, dass die Liebe größer ist als das Leben und stärker als der Tod. Ich sende dich. Geh!«

Da erhob sich der traurige Engel und ging. Wieder zog er einsam seines Weges. Aber er blieb nicht lange allein. Schon bald stürzte das Elend der Welt auf ihn ein. Denn weil sich alle Himmlischen um das Kind in der Krippe scharten, waren die Lebensräume der Menschen völlig engellos geworden. Und so stand der einzige himmlische Bote auf einmal der unverhüllten Not gegenüber, wie er sie noch nie erlebt hatte. Er vergaß alles, was in ihm war, und fing an zu helfen, zu heilen und zu trösten. Er linderte Schmerzen und zog das Gift aus den Wunden der Seelen und der Leiber. Er versenkte in Schlaf, wer vor Kummer nicht schlafen konnte. Er ermutigte, wer verzweifeln wollte. Er tröstete die Trauernden, die nicht vergessen konnten, und mischte den Weinenden ein zaghaftes Lächeln unter die Tränen. Er zeigte den suchenden Gedanken neue Lösungen und gab den verwirrten Trieben neue Kanäle. Er entwirrte das Knäuel der Gefühle, die um Hass und Rache kreisten, und gab ihnen eine versöhnende Richtung.

Aber es gab viel zu tun, und er wurde vor Mühe grau im Gesicht. Als er sah, dass das Elend kein Ende nahm und er fast nicht weiterkam, begann er, die Menschen selber zu beleben und füreinander einzuspannen. Er gab den Satten böse Träume, dass sie erwachten und über die Hungernden erschraken. Er beunruhigte die Friedlichen, dass sie auf einmal den Streit um sich her sahen und aufstanden, um Frieden zu stiften. Er erregte die Sanften, dass sie das Unrecht entdeckten und um Abhilfe kämpften. Er schüttelte die Gleichgültigen, dass ihnen die Augen aufgingen und sie die Not derer sahen, die neben ihnen lebten. Die Menschen wussten kaum, wie ihnen geschah, und sagten zueinander: »Was für eine seltsame Nacht, in der die Unruhigen ruhig und die Ruhigen unruhig werden, in der Verzweifelte getröstet und die Getrösteten aufgeweckt werden. Es ist etwas Neues unter uns.« Der Engel arbeitete bis zum Morgengrauen. Dann flüsterte er: »Ich werde noch manche Nacht kommen und euch trösten.« Und er verschwand. Er wusste noch nicht, dass er während der Nacht seinen Glanz verloren hatte: Von der Not, von der vielen Arbeit und den vielen Berührungen mit dem Elend der Menschen war er dunkel geworden.

Als er zum Kind zurückkam, war es um die Krippe ganz still geworden. Die Engel hatten sich müde gejubelt und sich zurückgezogen oder schliefen. Auch die Mutter schlief und lächelte und weinte leise im Schlaf. Nur das Kind war wach und schaute dem dunklen Engel entgegen. Er kniete neben dem Kind nieder und erzählte ihm, was er in dieser Nacht bei den Menschen gesehen hatte. Und er erzählte ihm, dass die Liebe mehr ist als das Wissen und größer als das Leben und stärker als der Tod. Und das Kind hörte zu.

Seither darf jeder, der am Weihnachtsabend von einem traurigen und dunklen Engel gestreift wird, wissen, dass er ihn mit dem Elend der Welt und mit dem Kind in der Krippe verbindet.

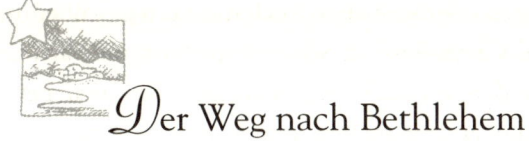

Der Weg nach Bethlehem

Wie sich der Engel für den Esel entschied
Hans Baumann

Als die Zeit fast erfüllt war, fand sich im Vorhof des Himmels kaum noch ein leerer Platz. Wie Zugvögel, die auf das Zeichen zum Abflug warten, saßen die Frommen in dichten Schwärmen. Enger war es am Ort der Zuversicht geworden. Geduld ist nicht jedem gegeben, und ein Sack voll guter Taten wird schwer, wenn einer darauf wartet, dass man ihn endlich bemerke. Unwillig indessen zeigten sich nur die Gelehrten der Schrift. Sie wussten die Stunde. Aber offenbar zählte der Herr auch sie weiterhin zu Adams Geschlecht, und so harrten sie, wenn auch gesondert, wie alle anderen ihrer Erlösung, wischten hin und wieder den Staub, der sie an Lästiges erinnerte, von den Schuhen und dachten voller Neid an die Engel, die hinter einer unübersteigbaren Mauer Gott von Angesicht schauen durften.

Da man sie oft überhörte, würdigten sie die Übrigen kaum eines Blickes. Untereinander wurden sie eines Sinnes (was auf Erden niemals geschehen), und einer von ihnen erhob seine Stimme, um darzutun, dass bei weiterem Zögern der Höchste eines Versäumnisses schuldig werden könnte. Sich aller Blicke versichernd, sprach er: »Wenn es euch recht ist, werde ich an die Tore des Himmels hintreten und klopfen. Vor dem Ewigen wiegen Jahre nur wenig. Es könnte sein, ihm entginge, dass die Zeiten erfüllt sind.« Ohne zu zögern, des Beifalls der anderen im Voraus gewiss, ging er durch die Gasse, die sich ihm auftat, und pochte mit den Fingerknöcheln gegen das goldene, außen eherne Tor. Lautlos taten die schweren Flügel sich auf. Ein Engel trat vor das Tor und sagte: »Was bist du so eifrig? Siebenmal noch muss der Mond voll werden, ehe Gabriel, der vor Gott steht, die Botschaft zur Benedeiten hinabträgt.« »Und Zacharias?«, fragte der Schriftgelehrte erregt. »Wer soll ihm die Zunge festlegen – bis auf den Tag, da sein Kind aus dem schon welk gewordenen Leibe der Elisabeth kommt und Johannes getauft wird, obgleich der Name in der Verwandtschaft nicht vorkommt? Auch muss man Augustus drauf bringen, dass er die Weisung an die Statthalter gehen lässt, alle zu zählen, jeglichen an seinem Ort. Was der Augustus befiehlt, braucht zwar nicht lang bis ins jüdische Land. Doch die Weisen haben es weit bis Bethlehem; für den Stern, der ihnen aufgehen soll, wird es Zeit. Zu bestimmen ist auch, wer das Ungeborene nach Bethlehem hinträgt; dass nicht einem Unwürdigen solcher Vorzug zuteil wird. Mir scheint geboten, die zu versammeln, die bisher Gebieter getragen, um ein Tragetier für den König der Könige auszumustern.« »Trefflich!«, stimmte der Engel zu. »Ich werde alle die Tiere, die bisher Erhabene trugen, hinter Nazareth auf dem Anger versammeln. Dort mag eines mit dem anderen wetteifern, wer den Herrn aller Erde zu tragen verdient.«

Indessen der Engel im Schlaf dem Augustus eingab, die Untertanen, die vielen, zu zählen, dem Zacharias die Zunge band und den Stern aus den Tiefen des Himmels holte, versammelten sich hinter Nazareth die Rösser, Kamele und Kriegselefanten, die bis zu jenen Zeiten Weltherrscher getragen. Ihrer waren nicht wenige. Ein Brüsten mit Taten hob an, ein Stampfen, als solle die Erde vor der Staub gewordenen Gewalt noch einmal erzittern. Herrliche Pferde chinesischer Dynastien, babylonische Stuten, arabische Hengste, indische Elefanten, sogar ein Tiger, den in frühesten Zeiten ein König geritten, fanden sich ein. Es waren der Starken so viel, dass kein Aufhören wäre, wollte man jeden benennen. Jeglicher war der Meinung, er sei berufen, den künftigen Herrscher zu tragen.

Die Frommen blickten hinab und strengten das Ohr an. Doch war am Anfang nur Lärm. Allmählich erst wurde der Einzelnen Rede vernehmlich; denn die lautesten Schreier wussten nicht viel. Aber es währte noch lange, bis die rings Aufgebrachten fertig wurden mit ihren Ruhmlitaneien. Pferde vor allem haben ein gutes Gedächtnis. Erst als der Tag sich dem Ende zuneigte, fielen die meisten in Trübsal, vom Reden erschöpft. Blieb ein Zelter, der sprach nun: »Den ich trug, dem setzte die Welt sich zu Füßen. Dreitausend Sprüche, an Liedern eintausendundfünf flossen von seinen Lippen. Könige kamen, zu vernehmen, wie er von Vögeln und Fischen und vom Ysop erzählte. Er hat dem Höchsten einen

Tempel aus Libanonzedern erbaut, voll von geschnitzten Cherubinen und Löwen. Zwölftausend Ochsen hat er auf einmal geopfert. Und als der Herr ihm alle Wünsche freistellte, bat er – er tat es im Traum – um ein höriges Herz. Alle Weisheit wurde nach ihm benannt. Selbst die Königin vom Reiche Arabiens suchte ihn auf. Salomo hat bezwungen, ohne das Schwert je zu ziehen.« »Wäre das wahr«, versetzte ein Pferd, das Flügel trug statt des Sattels, »er wäre groß. Aber als er den Thron an sich brachte, hat er den Bruder erschlagen, Daniel durch Benaja; Joab sogar am Altar seines Gottes. Simei angeblich, weil er vom erzwungenen Eid abgewichen, in Wahrheit aus Furcht. Dass David seinem Sohn das auftrug, ist nur erschwerend: Also wurde die Absicht seit langem gehegt. So fing es an. Geendet hat es auf die Weise, dass ihn die siebenhundert Weiber zur Linken fremden Götzen zuneigten: dem Gräuel Astoreth und gar dem Moloch, dem Gräuel der Ammoniter. So einen trugst du.« Betrübnis erfasste all die Frommen im Vorhof.

Nun aber ließ sich der Engel, der vor das Tor getreten war, hinab auf die Erde. Durch die große Stille, die augenblicks eintrat, ging er bis zum Rande des Angers. Dort graste ein Esel, taub für den Lärm, an Disteln sich freuend. Ihm klopfte der Engel den stämmigen Hals und sagte: »Der wird es sein.« Und Jesaja sah es und nickte von weitem.

Wenn das man gut geht
Rudolf Otto Wiemer

Gott behüte, die Nacht ist bald um, und vielleicht hätte ich doch noch Platz für die beiden gehabt, aber ich dachte: Wo soll dann der Großvater hin, der Obadja, der liegt in der Ecke und spuckt, und er hat auch keine sauberen Füße. Das ist nichts für schwangere Mädchen, auch wenn ich mit ihr verwandt bin, wie sie behauptet, aus Davids Haus und Geschlecht. Gewiss, der Alte, wenn er getrunken hat: »Erinnere dich, Josepha, was unserem Stamm geweissagt wurde vorzeiten.« Schon möglich, doch wer weiß das genau, und wer bildet sich darauf was ein?

Die Umstände freilich, die gesegneten, wie man so sagt, die sieht man sofort. Bin nicht umsonst Hebamme gewesen, an die dreißig Jahre, jawohl, todelend war, das Mädchen, konnte sich kaum auf den Beinen halten, diese Maria – jetzt fällt der Name mir ein, Maria aus Nazareth, Gott behüte. Und was der Alte neben ihr ist, ihr Verlobter, sagt sie, muss man sich fragen: Wie kommt sie zu so einem Graubart? Man braucht sich doch nicht zu verkaufen aus Davids Geschlecht. Man sieht sich doch vor, man hat einen Mund, der nein sagen könnte, egal, wer da kommt, und wär es ein Herr, meinetwegen der liebe Gott selber – worauf, so dachte ich, hast du, Mädchen, dich eingelassen? Hast du gewusst, was du tust? Denn ausbaden zuletzt musst du es, Maria, das weißt du. Da hilft kein Augenaufschlag und kein Seufzen, der Fußmarsch nach Bethlehem muss erst mal sein, weil der Kaiser in Rom es befiehlt, ganz einfach. Was fragt der Kaiser nach schwangeren Weibern, der hat, mit Verlaub, nur die Steuern im Kopf. Obadja, sobald er den Namen »Augustus« hört oder »Quirinius«, was unser Statthalter ist, spuckt jedes Mal aus und knurrt: »Da siehst du, Josepha, wie die Sanftmut regiert, wie der Friede gemacht wird, wie die Wölfe brüderlich bei den Schafen liegen.« »Obadja«, sage ich, »sind wir denn besser? Warum«, so sage ich, »haben wir sie nicht aufgenommen? Hat doch dreimal geklopft, das Mädchen, hat gezittert vor Kälte, hat gesagt: ›Wenn es euch angenehm ist, Großmutter Josepha‹ – na, und war es uns angenehm, Alter?«

Freilich, es geht seit Wochen schon so mit dem Fragen und Klopfen, überall fremdes Gesindel, das liegt herum und nistet sich ein, wird noch kahl fressen den Ort wie die Heuschrecken Pharaos Kornfeld. Gottchen, verzeih mir, denn jeder ist sich selber der Nächste. Gelebt hab ich lange genug, das zu erfahren, und wie der Mensch gemacht ist seit Adams Fall. Immerhin, kaum waren sie wieder ins Wetter hinaus, da tat es mir Leid, bin vielleicht auch nur neugierig gewesen. Umsonst hört man das Gerede ja nicht von Davids Geschlecht und dass ein Retter, ein König, soll kommen aus dieser Ecke der Welt. O ja, brauchen könnten wir ihn, den Retter, könnten brauchen ihn jeden Tag neu. Obadja, der alte Kerl, ist schon ziemlich klatrig geworden, flucht auch mitunter und sagt: »Gerechtigkeit gibts nicht, hörst du, Josepha? Wie hätten wir sonst bei schwieligen Händen nichts als den halben Acker, dagegen Jephta, der Großherr, der abends sich Harfe vorklimpern lässt, der nichts fragt nach dem Gesetz und dessen Hände trotzdem gesalbt sind, hat an Kebsweibern fünf und zweihundert Acker Land obendrein – ist das gerecht? Ist das in Ordnung?«

Ich denke: Gott behüte, gerecht ist das nicht. Und was, so frag ich, wenn man mit Davids Stamm so unachtsam umgeht, soll wohl werden aus dem, der nicht mal in einem menschlichen Haus, nicht mal auf dem Pfühl, nein, der im Viehstall bei Ratten und Mäusen, verzeih mir, zur Welt kam ohne richtigen Vater? Ja doch, ich habe es liegen gesehn, das Kind, auf dem Holz, wo sonst, auf nacktem Holz in der Futterkrippe. Zu meiner Schande sah ich's, neugierig bin ich gewesen, nahm vom Haken das Tuch, lief umher in den Gasthöfen, fragte, wo denn die Schwangere untergekommen, die Jungfer Maria, die behauptet, mit unsereinem verwandt zu sein.

Kurz, ich hatte ein schlechtes Gewissen, stellte rasch dem Obadja das Brot auf den Tisch, der Wind ging von Norden, man kam schlecht vorwärts, und fast hätte ich ihn nicht gesehen, den Stern, der, wie es hieß, seit der neunten Stunde über dem Ort stand. Alles, was recht ist, ein großmächtiger Stern, ich fürchte, viel Gutes hat sowas nicht zu bedeuten. Ich treffe also Amasa, die Stallmagd, sie zeigt nach dem Stern, dann nach dem Schuppen, ich seh einen Lichtschein schräg in der Tür – da höre ich hinter mir Stimmen, stelle mich unter das Vordach, nein, nicht ängstlich, wer wird einer alten Frau schon was antun. Ist auch keiner, der mich bemerkt, ein Trupp dunkler Männer in Winterpelzen, die Kappen tief im Gesicht. Na, denk ich, was haben die hier im Stall zu suchen, vielleicht ein Schaf, ein verirrtes, und drücke mich hinter ihnen hinein. O, es war nicht bloß Neugier, man hat die Sprüche ja noch im Ohr, von der Wurzel aus Jesse, der Tochter Zion, die jauchzen wird, wenn der König kommt, ein Gerechter und Helfer. Irgendein Glanz, so denk ich, müsste zu merken sein, denn was hofft man nicht alles, wenn man den Weltenlauf kennt, den Krieg, den Aussatz, die Armut, den Geiz, die Missgunst im Herzen. Hinter dem Pfosten versteckt, man reibt die Augen, was sieht man? Ein paar Verrückte, was sonst. Vielleicht auch Betrunkene. Sie blicken blöde sich um, ziehn die Kappen vom Schädel, stoßen mit Fäusten sich an und zeigen stumm auf das Kind. Dann, ungelogen, knien sie nieder, als hätten sie Jephta, den Großherrn, vor sich. Und einer, mit grauen Stoppeln am Kinn, erzählt von dem Engel, der habe geschrien wie eine Posaune. Friede! hat er geschrien, und: Freude von Gott! und: Gerechtigkeit allen Menschen!

Nehmt bitte daran keinen Anstoß – ich weiß, was ich hörte, ich weiß, was ich sah. Der Graubart schnitzte an seinem Stock, als müsste er bald weiter. Maria lächelte, und dem Kind, dem brauchte ich, Gott behüte, nicht mehr zu helfen, es war nun schon in der Welt, klein und runzelig, so lag's in der Krippe, wie alle Kinder, die plötzlich da sind und satt, nachdem sie bei der Mutter getrunken. Der Esel, der kaute am Erbsstroh, der Ochse glubschte, das Maul weit offen, ein Faden Speichel zog sich auf die Tenne herab, im Winkel fiepten die Mäuse. Offen gestanden, nicht einen Heller hätt ich gesetzt auf die goldene Zukunft aus Davids Haus, auch wenn der Engel, was ich bezweifle, wirklich geschrien hat, auch wenn die Stallmagd, mit der ich noch Kaffee trank in der Kammer, erzählte von Magiern in buntbestickten Gewändern, mit Turbanen weiß, mit Gerät und reichen Geschenken. »Amasa«, sag ich, »schweig, du wirst kindisch.«

Oder, so denk ich nun auf dem Heimweg, am Tor der Verheißung vorüber, bei Daniels Kaufhaus, da dreh ich mich um und denke: Sollte doch etwas dran sein? Der Stern steht groß und funkelnd, immer noch über dem Stall. Die Nacht ist bald um, und ich denke: So dunkel und hell zugleich ist Bethlehem, Davids Stadt, nie gewesen. Und ich sehe das Kind, das Kind im Stall, das Kind, bei dessen Geburt ein Engel laut schreien muss, das Kind, das auf Holz liegt, das Kind, das die Hirten vom Feld holt und die Magier lockt von den Rändern der Welt, das Kind vielleicht aus meiner Verwandtschaft. Dergleichen seh ich nicht gern, man hat so seine Erfahrung. Man müsste ein Auge drauf haben, denk ich, schon an der Haustür und leise die Stiege hinauf, dass der Alte nicht aufwacht. Denke, ausgestreckt auf dem Lager, schon halb im Schlaf, denke: Wenn das, wenn das man gut geht.

Hirten, das Licht und der Weg zum Kind

Die Anbetung der Hirten
Dietrich Steinwede

Zwischen Jerusalem und Bethlehem erhebt sich der Herdenturm. Er ragt hinaus über die Hügel. Er beherrscht die Täler. Hier wohnte Jakob, Urvater Israels, als er aus Haran kam. Hier ist das Grab von Rahel, seiner schönen Frau. Hier halten Hirten ihre Wache bei den Schafen in der Nacht. Die Schafe sollen sicher sein. Gefahr droht von dem Wolf. Vier Teile hat die Nacht, vier Nachtwachen. Die Hirten wechseln einander ab. Ein Viertel von ihnen hält immer Wache. Die anderen aber schlafen.

Da geschieht es: Die Hirten schrecken auf. Ein Bote ist mitten unter ihnen im Glanz des Lichtes von Gott. Es ist ein Engel. Er spricht zu ihnen: »Fürchtet nichts, ihr Hirten! Freut euch der Nachricht, die ich bringe: Der Retter ist geboren! Christus ist es, der Messias, auf den ihr so lange schon wartet. Er kommt zu euch. Er kommt zu den Menschen. Er kommt zu aller Welt. Ihr findet ihn in Bethlehem, in Davids Stadt, in einer Krippe. Er ist umhüllt von dürftigen Tüchern. Er liegt auf dem Heu, das die Tiere sonst fressen!«

Und man hört Musik, Chöre des Himmels. Sie singen Frieden auf Erden.

Die Hirten staunen: Welch ein Geheimnis. Wir haben so lange gewartet. Sie blicken zum Himmel, beginnen zu reden von früher, von der alten Zeit: »Ja, unsre Alten haben's gesagt: Ein solcher Tag wird kommen!« Die Hirten blicken nieder zur Erde: Rauhreif und Schnee zur Mitternacht. Und Blumen sprießen aus Rauhreif und Schnee. Weinstöcke grünen und blühen. Und Quellen springen trotz Frost und Eis. Welch eine seltsame Nacht.

Da pflücken sie Blumen. Sie flechten Kränze. Sie brechen Zweige von Bäumen. Sie lassen ihre Schafe zurück. Sie wollen nach Bethlehem. Sie wollen es schauen, das Kind in der Krippe, das Wunder dieser Nacht. Sie bringen Gaben mit den Kränzen: Schafskäse, Wolle, ein Fell. Sie spielen auf ihren Hirtenflöten. Sie kommen nach Bethlehem. Sie kommen durch die Kälte der Nacht, der Weisung des Engels folgend. Sie kommen wie Israel in der Wüste. Sie finden die Unterkunft. Sie sehen das Kind, das Leuchten, den Stern. Die Hirten werfen sich nieder.

Lange verharren sie vor dem Kind. Sie sind von Freude durchströmt. Alles ist, wie ihnen gesagt. Sie sehen. Sie beten. Sie staunen. Sie bringen ihre Gaben dar: Schafskäse, Wolle, das Fell. Sie breiten ihre Blumen aus. Sie hängen die Kränze an die Krippe. Übergroß ist ihre Freude. Es scheint, als lächle das Kind.

Nach Lope de Vega

Bericht des alten Hirten
Rudolf Hagelstange

Weil ihr mich drängt, so will ich's erzählen ... Ach, es ist eine herbe Geschichte. Früher, wenn ich sie sagte, tat ich mich wichtig, schmückte sie aus. – Nun rüst' ich zum Sterben. Hört denn die Wahrheit, die reine und nackte Wahrheit. Und die verlangt nicht nach Schmuck. Augen will sie, sehende Augen; Ohren, die hören; Herzen ...

Hütejunge war ich im ersten Winter, der wie eine gläserne Glocke über dem Land stand, das klirrte im Frost. Und die Nächte waren nicht tragbar ohne ein Feuer. So eine Nacht war's. Ich hatte ein wenig geschlafen, eng an die anderen gedrückt. Da weckt uns Elias, einer von uns, der immer umherstrich. Ich weiß noch, wie er uns weckte, und ich seh' ihn, bebend in seinem fadenscheinigen Mantel und bebend vor Mitleid, ans Feuer treten. »Schlaft nicht!«, rief er, vom Zucken der Flammen jäh überhuscht. Er riss uns am Ärmel, ungeduldig, fast zornig. »Schlaft nicht! Dahinten geht es ums Leben!«

Wir mussten Holz aufnehmen und Käse und Brot, Milch in den Krug tun. Dazwischen warf er in Brocken das fremde Begebnis und trieb uns und die Älteren, die murrten, zur Eile. Er schürte die Neugier, schürte das Mitleid und war fast wie der Engel, der nachts den Tobias auftrieb zur Reise.

Wir kamen an eine windschiefe Hütte. Ein Stall war's. Da stand noch ein magerer Ochse. Ein Esel lag traurig im Winkel. Doch trauriger noch waren die Menschen: Im Heu lag eine jüngere Frau und wand sich in Wehen. Rührend, mit frostblauen Händen, Tränen im Bart, drehte sich hilflos und tappig ein guter Alter im Kreise fruchtlosen Tuns. Da rief ihn die Frau an – da rauchte das Feuer – da losch die Lampe im Windzug ...

Wir kamen – da ließ er von alledem und kniete schluchzend zum Weibe. Ihr wisst nicht, wie viele Hände man hat, wenn das Herz will. Felle und Decken warfen wir über die beiden, rieben dem Alten die gichtigen Finger, flößten Milch in die fiebernde Frau. Wir Jungen mussten draußen ein Feuer zünden und Wasser erhitzen. Wir waren (versteht sich) im Wege. Indessen taten die Hirten drinnen, was Not war. Auf einmal war da ein Schrei. Eine Schnuppe – ich seh's noch – fuhr durch den Himmel. Wir wussten: Einer ist mehr auf der Welt. Und gerufen traten wir dann in den Stall, zuvörderst Elias. Wir sahen das Kind. Es gehörte den beiden nicht mehr als uns allen! Und plötzlich war jeder von Grund auf verändert. Der Alte war selig. Er ging wie ein Tanzbär rund um das Lager und sah auf die Frau. Die lag auf dem Stroh, bleich wie der Tod; doch über der Blässe blühte, wie Krokus im Schnee, ein Lächeln; das war unbeschreiblich.

Singend zogen wir heim. Wir versorgten die drei täglich mit allem. Nach Tagen kamen auch fürstliche Herren zu Ross. Sie kamen sicher aus einer anderen Welt. Die hiesigen, fürcht' ich, haben die Straße verfehlt zu unserem Kinde. Ich aber sah es und gehe in Frieden.

Hirtenlegende
Ingeborg Santor

Später kam auf, dass Engel da gewesen wären in derselben Nacht, als die Hirten bei ihren Herden lagen. Aber als er erwachte, wusste er nichts von Engeln. Es war da nur eine große Helligkeit, und sein Herz schlug laut und so schnell, dass er im Aufstehn taumelnd mit der Hand hinfasste. Aber das war schon wie nebenher und eine Bewegung, die zum Gestern gehörte. Gestern: als der Stern noch nicht war, von dem das Helle ausging, das ihn geweckt hatte. Er wusste nichts von Engeln – hatte bis gestern mit den Lämmern gespielt, seine Kraft mit den kleinen starrköpfigen Böcken gemessen, denen eben die Hörner kamen. Aber die fremde Stimme im Innern – die sie später Engeln zuschrieben, um sie nicht für immer in sich selbst tragen zu müssen –, die Stimme hatte er gleich erkannt.

Sie sagte: Du sollst gehen, und er stolperte schon mit blinden Schritten, mit klopfendem Herzen in die Nacht. Und die Stimme sagte: Der Stern wird dich hinführen, und er wusste es, wie er nie etwas gewusst hatte, und vergaß alles, was er hinter sich zurückließ. Er sah nur den Stern. Der Stern würde ihn hinführen, und er jubelte darüber vor Gewissheit. Der Gedanke, dass die Alten ihn schelten würden, huschte ganz fremd und belächelnswert an ihm vorüber, als die Weidegründe lang schon hinter ihm lagen und vor ihm die Ebene unmerklich anstieg gegen die dunklen Berge.

Er schritt rasch aus, seinem Stern nach, der groß und leuchtend über den Himmel zog und von dem die Stimme gesagt hatte: Er wird dich hinführen. Er war gewiss, dass der Stern ihn führen würde. Er legte gläubig den Kopf in den Nacken und nahm den Stab fester, ohne zu wissen, aber sein Herz pochte immer noch laut. Ich darf dem Stern nach, dachte er, und lief mit langen Schritten auf die einsame Weite zu, die sich unter dem Stern aufs Gebirge zu ausbreitete. Er lief ohne Angst. Nur von ungefähr wehte es ihn im Gehen plötzlich an: Wenn sie das wüssten! Und er fühlte durch sein Herzklopfen hindurch Stolz in sich wachsen, dass er allein aufgewacht war in dieser Nacht, dass das Licht des Sterns *ihn* geweckt hatte, dass *er* dem Stern folgte.

Als das Gebirge sich deutlich abzuzeichnen begann – der Stern hielt unbeirrbar darauf zu –, merkte der Hirt, dass sein Schatten länger geworden war. Er reckte sich ein wenig auf und spürte zum ersten Mal, dass seine Beine schmerzten und dass der Weg steiler wurde, den das Licht ihm wies. Wenig später war der Stab zu schwach, ihm noch Stütze zu sein. Er warf ihn fort und zog das Schaffell enger um die Schultern. Vom Gebirge kam Kälte. Der Stern leuchtete groß in der Höhe. Der Stern wird dich hinführen, hatte die Stimme gesagt, und er lauschte nach innen, wo die Verheißung nachhallte, und schaute hinauf. Unter dem Glanz wuchs die dunkle Masse der Berge drohend an. Er lächelte, als sein Herz wieder schneller zu klopfen begann: Ich habe den Stern. Der Weg wurde von Schritt zu Schritt steiler und sein Gang mühsamer. Durch die dünnen Sandalen stach die Härte des steinig gewordenen Grundes. Ihm fiel ein, dass er nicht gerüstet war für die Länge des Weges, und er wurde ein wenig ärgerlich. Ich war doch ein Kind, dachte er und sah mit gerunzelter Stirn seinen wachsenden Schatten.

Dann begann der Aufstieg. Er stieg keuchend und mit erhobenem Blick. Als mit einem Male Finsternis über ihm zusammenschlug und der Stern erlosch, da stürzte er wie geblendet von der eisigen Schwärze nieder. Er schrie auf, er fühlte sein Herz aussetzen und wieder schlagen, er spürte die nackten Steine unter den Knien, die sich schmerzend eingruben und seine Augen brannten sich in die Dunkelheit hinein, die ohne Stern blieb. Ohne Stern! Aber er trug das Bild des Sterns doch im Innern, und die Stimme hatte verheißen ... Mit zitternden Knien richtete er sich auf, den Blick nach oben gewandt, und starrte, bis schattenhaft die Konturen der Felsen erkennbar wurden.

Da zuckte in ihm auf: Hinter den Felsen! Der Stern ist hinter den Felsen, er muss ja da sein! – und er lachte vor Erleichterung, und das Lachen flatterte winzig in die Nacht und fiel von den Felsen zurück. Er tastete sich zögernd weiter und hütete ängstlich die Zuversicht, dass der Stern nur verborgen sei. Mit der Zeit gewöhnten sich seine Augen an die Nacht. Er gewahrte den kahlen, unwirtlichen Steg zwischen den Felsen und erschrak vor den Abgründen, die sich unversehens vor ihm auftaten. Der Stern wird mich hinführen, setzte er trotzig seiner pochenden Angst entgegen. Und an jeder Biegung des Weges beflügelte ihn Hoffnung, ob nicht die Felsen zurücktreten und den Glanz am Himmel freigeben möchten.

Es blieb Nacht. Er wanderte lang. Er wurde müde vom Steigen, vom Kampf gegen den tückischen Weg, der ihn stürzen ließ, ihm Knie und Hände blutig schlug und kein Ende nahm. Es war kein Licht mehr, das ihm seinen Schatten gezeigt hätte – aber er wusste, es war der Schatten eines Mannes geworden. Es war keine Stimme mehr, die ihm gesagt hätte: Du sollst gehen – aber er wusste, etwas hatte ihn geweckt in einer längst vergangenen Nacht. Da kam ihn Misstrauen an: Jene Nacht war freundlich gewesen und vertraut. Wer hatte ihn geheißen, sie einzutauschen gegen diese neue, fremde Nacht, die ihn verlassen und einsam machte? Und er begann die Stimme, die in ihm gewesen war, außerhalb zu suchen, schrieb sie zum ersten Mal den Unbekannten zu, fremden, feindlichen Heerscharen. Seine Angst wuchs, während er sich wehrte, wuchs über ihn hinaus.

Aber vor ihm wichen plötzlich die Felsen nach rechts, und da rettete er sich wieder bebend in die Hoffnung, dass dort die Finsternis enden möge. Er hastete mit aller Kraft darauf zu. Als er die Biegung erreichte, höhnte ihn Schwärze an, undurchdringlicher als je. Er stand wie erstarrt. Hilflos war er jetzt dem Ansturm der Gedanken ausgeliefert, und sie fielen wild und furchtbar über ihn her: Alles Lüge, dachte er; kein Stern, kein Wunder – nichts als Einbildung, alles. Es gibt nichts als die Nacht, dachte er, dachte es immer wieder, ohne sich zu wehren. Ich war ein Kind, dachte er, lief einem eingebildeten Licht hinterher, sinnlos, dumm. Alles war umsonst, dumm, sinnlos. Ein Himmel ohne Stern – das hieß, kein Ziel mehr zu haben.

Als er zu lachen begann, da war es kein winziges, flatterndes Lachen mehr, sondern es klang laut und böse, und er bemühte sich, noch lauter und böser zu lachen, gegen die sternlose Schwärze an, die ihn verhöhnte. Er ballte die Fäuste, nahm seinen Stolz zu Hilfe: Ich brauch' keinen Stern, lachte er in den Abgrund, der dicht neben ihm gähnte. Achtlos und alles verachtend, was ihn schmerzend traf, setzte er den Weg fort. Euer Stern hat mich gut geführt, höhnte er in die Felsen, an denen er sich stieß. Er forderte den Abgrund heraus, stürmte plötzlich mit Kräften wer weiß woher am äußersten Rand hin, hörte mit trotziger Genugtuung Steine unter seinen Füßen wegbrechen und dröhnend in die Tiefe gehen. Es war, als stürzten Trümmer des Sterns. Als Hohn und Verachtung sich nicht mehr schüren ließen, kam Leere über den Hirten. Er schleppte seine Füße fühllos weiter. Nur weil er da war, weil der dunkle Weg da war, und weil er fort wollte – dahin, wohin nichts ihn führte und wo nichts auf ihn wartete.

Mehr und mehr gewöhnten seine Augen sich. Er wanderte langsam, die Steine schlugen seltener an seine Knie: Er hatte gelernt, sie zu umgehen, ohne den Weg zu verlieren. Seltener erinnerte er sich des verlorenen Sterns und als der Weg sich von der Höhe wieder zu neigen begann, war die Finsternis ihm nicht mehr fremd und undurchschaubar. Sie schien ihm heller und gangbarer geworden zu sein. Als der Abstieg begann, war er dankbar seiner schwer gewordenen Beine wegen. Er vergaß vieles. Aber mit den Augen tastete er Stück um Stück den Weg voraus, und er wünschte nichts, als diesen Weg zu Ende zu gehen.

Er kam der Ebene rasch näher. Er sah sie auftauchen wie eine Insel, wie aus der Nacht geschnitten lag sie da. Und sie lag im Licht. Er fragte sich noch, woher das Dunkel plötzlich so viel Helle nahm, und wandte sich wie von ungefähr zurück dem überwundenen Gebirge zu. Da sah er seinen Schatten groß und gebeugt auf dem Weg. Und ehe er die Antwort wusste, hörte er im Innern die Stimme wieder. Sie sprach so klar und ruhig: Der Stern wird dich führen.

Ganz langsam wandte er den Kopf dem Ziele zu, und er musste die Hand über die Augen heben. Groß leuchtete der Stern überm Tal. Und als der Hirte lächelnd hinabspähte, traf das Licht die offene Tür des Stalles.

Das Flötenlied
Max Bolliger

Auf einen Stock gestützt, den Blick zu den Sternen erhoben, stand der alte Hirte auf dem Felde. »Er wird kommen«, sagte er. »Wann wird er kommen?«, fragte der Enkel. »Bald!« Die anderen Hirten lachten. »Bald!«, höhnten sie. »Das sagst du nun seit Jahren!« Der Alte kümmerte sich nicht um ihren Spott. Nur der Zweifel, der in den Augen des Enkels aufflackerte, betrübte ihn. Wer sollte, wenn er starb, die Weissagungen der Propheten weitertragen? Wenn er doch bald käme. Sein Herz war voller Erwartung. »Wird er eine goldene Krone tragen?«, unterbrach der Enkel seine Gedanken. »Ja!« »Und ein silbernes Schwert?« »Ja!«

»Und einen purpurnen Mantel?« »Ja! Ja!« Der Enkel war zufrieden.

Ach, warum versprach er ihm, was er selbst nicht glaubte! Wie würde er kommen? Auf Wolken aus dem Himmel? Aus der Ewigkeit? Als Kind? Arm oder reich? Bestimmt ohne Krone, ohne Schwert, ohne Purpurmantel – und doch mächtiger als alle andern Könige. Wie sollte er es dem Enkel begreiflich machen? Der Junge saß auf einem Stein und spielte auf seiner Flöte. Der Alte lauschte. Der Junge spielte von Mal zu Mal schöner, reiner. Er übte am Morgen und am Abend, Tag für Tag. Wenn es stimmte, was der Großvater sagte, so musste er bereit sein, wenn der König kam. Keiner spielte so wie er. Der König würde sein Lied nicht überhören. Der König würde ihn dafür beschenken. Mit Gold, mit Silber, mit Purpur! Er würde ihn reich machen, und die anderen würden staunen, ihn beneiden.

Eines Nachts standen die Zeichen am Himmel, nach denen Großvater Ausschau gehalten hatte. Die Sterne leuchteten heller als sonst. Über der Stadt Bethlehem stand ein großer Stern. Und dann erschienen die Engel und sagten: »Fürchtet euch nicht! Euch ist heute der Heiland geboren!« Der Junge lief voraus, dem Licht entgegen. Unter dem Fell auf seiner Brust spürte er die Flöte. Er lief so schnell er konnte. Da stand er als erster und starrte auf das Kind. Es lag in Windeln gewickelt in einer Krippe. Ein Mann und eine Frau betrachteten es froh. Die anderen Hirten, die ihn eingeholt hatten, fielen vor ihm auf die Knie. Der Großvater betete es an. War das nun der König, den er ihm versprochen hatte?

Nein, das musste ein Irrtum sein. Nie würde er hier sein Lied spielen.

Er drehte sich um, enttäuscht, von Trotz erfüllt. Er trat in die Nacht hinaus. Er sah weder den offenen Himmel noch die Engel, die über dem Stall schwebten. Aber dann hörte er das Kind weinen. Er wollte es nicht hören. Er hielt sich die Ohren zu, lief weiter. Doch das Weinen verfolgte ihn, ging ihm zu Herzen, zog ihn zurück zur Krippe. Da stand er zum zweiten Mal. Er sah, wie Maria und Josef und auch die Hirten erschrocken das weinende Kind zu trösten versuchten. Vergeblich! Was hatte es nur? Da konnte er nicht anders. Er zog die Flöte aus dem Fell und spielte sein Lied. Das Kind wurde still. Der letzte leise Schluchzer in seiner Kehle verband sich mit einem hellen Ton. Es schaute ihn an und lächelte. Da wurde er froh und spürte, wie das Lächeln ihn reicher machte als Gold, Silber und Purpur.

Der Tölpel
Max Bolliger

Unter den Hirten auf dem
Feld in Bethlehem
war auch ein Einfältiger.
Er wurde von den andern
nur Tölpel genannt.
Als eines Nachts
der Engel des Herrn
erschien,
um ihnen die Geburt
Christi anzukündigen,
begriff der Tölpel
seine Worte nicht.

Aber überwältigt von dem Glanz,
der von dem Engel ausging,
fiel auch er,
im Innersten erschrocken,
auf die Knie.
Und als die andern,
wie der Engel
es ihnen gesagt hatte,
sich aufmachten,
das Kind zu finden,
wollte auch er
mit ihnen gehen.
Aber die Hirten
schämten sich seiner,
denn sein Gewand war
zerrissen, sein Bart struppig
und der Ausdruck seines
Gesichts blöd.
»Bleib du hier
bei den Schafen und beim
Feuer«, sagten sie.
»Das Kind, das wir suchen,
ist kein gewöhnliches Kind,
sondern ein König.
Einen Tölpel, wie du einer
bist,
kann er nicht brauchen.«

Doch der Tölpel
ließ sich von ihren Worten
nicht einschüchtern.
Er lief ihnen nach,
auch wenn er Mühe hatte
zu folgen.
»Was willst du
ihm denn schenken?«,
spotteten sie.
Da sah der Tölpel erst,
dass sie alle beladen waren,
mit Milch und Honig,
mit Wolle von den Schafen,
mit Käse und Brot.
Daran hatte er nicht
gedacht.
Er wurde sehr betrübt.
Auf einmal
heiterte sich seine Miene
auf,
und er rief voller Stolz:
»Ich könnte die Fliegen
von seinem Gesicht
verscheuchen.«
»Was glaubst du eigent-
lich!«,
riefen die anderen zurück.
»Dazu sind die Engel da!«

Der Tölpel wurde sehr traurig.

Aber auf einmal heiterte sich seine Miene wieder auf, und er rief voller Stolz: »Ich könnte seine Füße reiben, um es zu wärmen.«

»Was glaubst du eigentlich!«, riefen die anderen zurück. »Dazu sind die Engel da!« Der Tölpel fing an zu weinen. Aber auf einmal heiterte sich seine Miene zum drittenmal auf, und er rief voller Stolz: »Ich könnte ihm ein Lied singen, damit es schlafen kann.«

»Was glaubst du eigentlich!«, riefen die anderen zurück. »Dazu sind die Engel da!« Der Tölpel war nun sehr betrübt, sehr traurig und weinte. Aber er gab nicht auf. Er wollte den König

und die Engel, die von seinem Gesicht die Fliegen verscheuchten, seine Füße rieben und ihm ein Lied sangen, wenigstens von weitem sehen.

Endlich standen die Hirten vor dem Stall, und sie fanden das Kind in einer Krippe liegen, arm und bloß.

Maria und Josef hatten mit den vielen Gästen alle Hände voll zu tun, denn nicht nur die Hirten, sondern auch die drei Könige hatten den Weg zur Krippe gefunden.

»Ach«, seufzte Maria, »wenn ich nur jemanden hätte, der dem Kind die Fliegen verscheucht, ihm die Füße reibt und ihm ein Schlaflied singt!«

Da trat der Tölpel näher. Und als er weit und breit

keine Engel sah,
da wischte er seine Tränen ab,
lachte vor Freude und
kniete
vor der Krippe nieder.
Er verscheuchte die
Fliegen.
Er rieb dem Kind die Füße,
um es zu wärmen,
und sang ihm ein Lied,
bis es einschlief.

Maria und Josef
und die drei Könige
staunten.
Die Hirten aber
schämten sich
und nahmen ihn
auf dem Heimweg
in ihre Mitte.
Sie wussten nun,
dass der neue König
auch den Tölpel braucht.

Vom Hirten, der nicht nach Bethlehem gehen wollte

Werner Reiser

Als sich die himmlischen Heerscharen wieder zurückgezogen hatten, herrschte unter den Hirten große Aufregung. Jeder wollte als erster der Spur nachgehen und das Kind auffinden. Die Hoffnung, endlich Gewissheit zu erhalten, trieb sie auf den nächsten Weg nach Bethlehem. Mit freudigen Rufen munterten sie einander auf und verschwanden im Zwielicht von nächtlicher Dunkelheit und himmlischem Widerleuchten.

Nur ein alter Hirte blieb zurück. Alle verheißenden Zurufe hatten nicht vermocht, ihn mitzureißen. Zwar war auch er mit den anderen aufgesprungen, als sie plötzlich vom Licht überflutet worden waren. Aber bald hatte er sich wieder gefasst und vor sich hingebrummt: »Himmlische Trugbilder! Ich traue ihnen nicht mehr. Sie öffnen eine Tür, hinter der nichts ist und nichts geschieht!« Und er fühlte sich voll bestätigt, als der Glanz wieder verschwunden war. Da er jedoch die Freude der anderen nicht beeinträchtigen wollte, schwieg er. Er sagte sich: »Was soll ich ihnen die Erwartung missgönnen? Sie sind jung genug, um immer wieder neu zu hoffen und die Enttäuschungen des Himmels zu überwinden.« Laut aber sprach er: »Geht nur und lasst mich hier. Jemand muss sich um die Tiere kümmern. Sie sind ja ganz verstört.«

Und während sie aufbrachen, ging er in die Runde, um die vor Schreck verstreute Herde zu sammeln. Er besänftigte die Tiere mit ruhigen Worten, und sie sammelten sich um seine Stimme. »Kommt, ihr armseligen Geschöpfe. Ihr weidet hier, um geschoren und geschlachtet zu werden. Ob Licht oder Dunkel auf euch fällt, ändert euer Geschick nicht. So bleibt wenigstens beisammen, solange euch ein Hirte sammelt.«

Aus der Ferne vernahm er die Stimmen seiner Gefährten, die sich schon dem Dorf näherten. Irgendwo öffnete sich eine Tür. Licht drang heraus und legte sich wie ein Streifen gegen den Rand des Feldes. Dann schloss sich die Tür wieder. Nun war es überall dunkel. Aber – da flackerte doch etwas hinter dem Rücken der Tiere in der Dornenhecke. Etwas zitterte in den Zweigen und Blättern, etwas Helles, das vorher nicht dagewesen war. Prüfend schaute der alte Hirte gegen das Dorf, ob von einem anderen Haus ein Strahl über das Feld geworfen worden sei. Aber nichts Derartiges zeigte sich. Langsam bewegte er sich gegen die Hecke und griff dann mit kräftiger Hand mitten hinein. Nichts war da. Nur dorniges Gestrüpp drang in seine Hand ein. Vorsichtig zog er sie zurück. »Hättest du dir doch denken können«, warf er sich vor: »Bist immer noch nicht klüger geworden. Wo du hingreifst, sind immer Dornen. Nur die Tiere haben weiches Fell.«

Aber während er noch die Dornen aus der Hand zog, sah er, wie es nebenan wieder flackerte. Er packte seinen Hirtenstock und schlug auf das Gebüsch. Es knackte in den Zweigen. Das Licht blieb stehen. Er hielt an. »Nein. So löst du das Rätsel nicht. So hast du es noch nie lösen können. Es blieben doch immer nur geknickte Zweige zurück, die verdorrten und keine Blätter und Blüten mehr trugen. Erst bei den Tieren hast du es gelernt, dass der Stock nichts taugt. Vorher hast du doch bitter gebüßt – damals, als dein Sohn zornig aus dem Hause ging und zu den Rebellen lief.«

Erschrocken warf er den Stock weg. »Vielleicht ist seine Seele in den Dornen gefangen? Oder gar deine eigene?« Behutsam senkte er seine Finger ins Gestrüpp, um sich an das Licht heranzutasten. Schon rieselte es in schmalen Streifen über die Hand – aber plötzlich verschob es sich seitwärts in die Hecke. Nun konnte nichts mehr den Alten zurückhalten, dem Schein nachzutappen. Da war etwas, wonach er greifen musste. Er spürte die Dornen kaum, die seine suchende Hand aufritzten. Mochte es schmerzen, ihn plagte ein anderer Schmerz. Je rascher und tiefer er nach dem huschenden Licht griff, desto schneller huschten vor seinem Auge die Bilder des Lebens vorbei: »Dornen und Licht, Licht und Dornen. Dornen im Licht, Licht unter Dornen. Warum nie nur Licht? Müssen so viele Dornen aufgefangen werden, bis das Licht wieder rein schwebt? Endet denn diese Hecke nie?«

Auf einmal war das Licht weg. Der Hirte schaute um sich und sah die Dämmerung des Morgens. Von ferne hörte er das Blöken der Tiere und die Rufe der Gefährten, die zurückgekehrt waren. Sie schienen ihn zu suchen. Langsam ging er ihnen entgegen, müde, mit blutenden Händen. »Habt ihr das Licht gesehen?«, fragte er zögernd. »Ja«, antworteten sie, »wir haben es die ganze Nacht gesehen. Es lag auf der Stirn des Kindes in der Krippe.« »Konntet ihr es greifen?«, fragte er. Sie schauten einander verwundert an. »Es genügte doch, dass es da war und wir in seinem Schein standen. – Aber, deine Hände bluten. Was ist geschehen?« »Ich wollte nach dem Licht greifen«, sagte er still und ging an ihnen vorbei. Sie schauten sich stumm an. »Warum ist er nicht mit uns gekommen? Gott hat ihn mit Wahn geschlagen.«

Während des ganzen Tages erzählten sie immer wieder von den Ereignissen der vergangenen Nacht, vom Einbruch des Himmels und seiner Heerscharen, vom Kind und seinen Geheimnissen. Nur der alte Hirte saß stumm daneben. Erst als die Nacht einbrach, regte er sich und spähte unruhig umher. Dann sprang er auf und rief: »Es ist wieder da. Seht ihr das Leuchten in der Hecke?« Verständnislos starrten sie ihm nach und sahen, wie er sich in den Dornen abmühte. »Er wird von einem Irrlicht gefoppt«, flüsterten sie einander zu, »er wird von einem Irrlicht gefoppt, weil er das rechte Licht nicht hat sehen wollen.« Und er tat ihnen Leid, bis sie einschliefen.

So vergingen einige Tage. Tagsüber erzählten sie von dem, was in jener Nacht geschehen war. Einigen verblassten die Ereignisse, andere schmückten sie aus – wie es eben unter Menschen geschieht. Nachts schliefen sie und ließen den Alten in seinen endlosen Mühen gewähren. Er entfernte sich immer weiter von ihnen. In der vierten Nacht lockte ihn das Leuchten in die Nähe der großen Schlucht. Während er ihm nachtastete, vernahm er Schritte. Sie kamen näher und hielten bei ihm an. Vor ihm stand ein Mann mit einer Frau, die ein Kind auf den Armen trug. Der Mann flehte zu ihm: »Wir sind in Gefahr. Man will uns unser Kind nehmen. Wir kennen diese Gegend nicht. Kannst du uns den Weg zur ägyptischen Grenze zeigen? Du hast doch ein Licht bei dir.« »Ein Licht?«, stammelte der alte Hirte. »Ja«, sagte der Mann. »Wir haben uns in der Dunkelheit nach deinem Licht gerichtet. Wir hofften, dass uns jemand helfen würde.« Der alte Hirte drehte sich um. Vor seinen Füßen lag der Schein auf dem Weg, leuchtete über die Steine. »So kommt mit mir. Ich weiß den Weg durch die Schlucht.« Er ging voran, dem Strahl nach. Sie folgten ihm. Keiner glitt aus, niemand strauchelte. Sicher und langsam erklommen sie die gegenüberliegende Höhe.

Dort hielt der Alte an. Er wies über die Ebene und sagte: »Nun könnt ihr den Weg nicht mehr verfehlen. In dieser Richtung führt der Weg zur Grenze. Bald wird es hell werden. Ich wünsche euch eine gute Reise.«

Der Mann und die Frau drückten die Hand des Alten: »Du hast unser Kind gerettet. In seinem Namen danken wir dir. Gesegnet seist du mit deinem Licht.« Und sie schritten in den Morgen hinein. Er aber kehrte zu seinen schlafenden Gefährten zurück, die noch immer von den Ereignissen jener Nacht träumten.

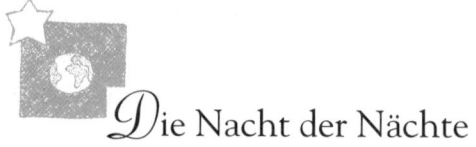

Die Nacht der Nächte

Die Feierstunde der Welt
Walter Schmidkunz

Zu derselben Stunde, da Jesus, das Christuskind, in seiner Höhle das Licht der Welt erblicken sollte, ging Josef, der irdische Gefährte der göttlichen Mutter, aus, um einen barmherzigen Menschen zu suchen, der in dieser Nacht der Gottesmutter hilfreich beistünde. Josef schritt eiligen Fußes über die Heide, und wie er schritt und ging, kam plötzlich eine unfassliche Stille in die Welt. Er stand und blickte hinauf zum hohen Himmel und sah über sich den Pol der Gestirne mit einem Male stille stehen. Die kreisenden Sterne und die Planeten hielten inne in ihrem von Gott bestimmten Lauf, die fallenden Sternschnuppen sanken nicht zur Erde, und der Mond hing silberweiß und starr an einer Stelle des Firmaments. Den fliegenden Vögeln wurden die Flügel lahm, und sie stockten in ihrem Flug und schwebten – wie von Gottes Hand gehalten – an einem Orte.

Und als Josef voll Wunderns niederblickte, gewahrte er vor sich eine Schar Hirten, die sich um eine Schüssel gelagert hatten, um zu essen. Aber ihre Hände blieben wie tot in der Schüssel und hafteten am Rand: Die Kauenden kauten nicht, die Hebenden hoben nicht, und die, die einen Bissen zum Munde führten, taten es nicht, sondern aller Angesicht blickte zum Himmel. Schafe wurden getrieben, und sie blieben ohne Anruf stehen, und der Hirt hob seinen Stab, sie zu schlagen; aber der Arm, der den Stab führte, wurde starr und schlug nicht die Schafe, und dem Hund zerbrach das Gebell in der Kehle. Am Ufer des Stromes standen Tiere, um zu trinken. Es erstarrte das fließende Wasser in seinem lebendigen Lauf, und die Mäuler der Böcke beugten sich herab und tranken nicht. Der säuselnde Wind, der in den Blättern spielte, erstarb jäh und wehte nicht mehr, und stumm wurde das ferne Rauschen der Wälder. Gräser und Halme, die ein Lufthauch gestreichelt hatte, verharrten in demütiger Gebeugtheit, und das fallende Laub sank nicht zur Erde. Die Steine, die einstmals klein und gering gewesen waren, doch im Laufe der Zeiten groß und größer wuchsen und Felsen und Berge bildeten, schier himmelhohe Berge, die verharrten in ihrem Wachstum und behielten die Größe, die sie zu dieser Stunde erreicht hatten.

So stand alles Lebendige und alles Tote still. Es war, als hielte die ganze Welt den Atem an. Und mit einem anderen Male ging alles wieder seinen Lauf. Denn es war in diesem Augenblicke die Freude Gottes in die Welt zu den Menschen gekommen, und alles Lebende feierte die Stunde. Es kreisten wieder die eilenden Gestirne und zogen weiter ihre ewige Bahn, und es sprangen die Wasser, und es klangen mit munterem Geplätscher die Brunnen. Wo die Erde mit Schnee bedeckt war, da schmolz er und schwand fließend dahin und gab die Gräser frei und die Blätter, und sie sprossen und grünten in Augenblicken und schmückten die Erde. Blumen entfalteten die verschlossenen farbigen Kelche und standen staunend mit offenen Gesichtern. Ein tauber Apfelbaum, der nie geblüht hatte, schlug zur Stunde plötzlich die Augen auf, trieb Knospen und ließ seine weißrosa Blüten springen und trug noch in selbiger Nacht reife Früchte gleich den gesegneten Weinstöcken von Engadi, die in der Stunde der Geburt zur gleichen Zeit blühten und zur Kelter reiften. Die Vögel fingen an zu singen und zu jubilieren, als ob es Frühling werden sollte. Schmetterlinge wachten auf, spannten ihre buntgesprenkelten Flügel und die brummelnden Hummeln und die Bienen summten und die Ameisen voll Eifer hatten es eilig. Und ein Frohlocken und Jauchzen lief gedankenschnell wie das Sonnenlicht über die Erde. In den spanischen Landen erschienen drei Sonnen gleichzeitig am Himmel, standen leuchtend im Azimut, näherten sich und flossen zusammen in ein großes Licht und erwiesen gleichermaßen, wie das Dreifaltige zur Einheit wird. Jenseits des Tiber, so meldeten die Schriften, entquoll zu Rom ein Brunnen, der nicht Wasser, sondern Öl gab, das wie ein Symbol der Gnadenfülle den ganzen Christtag lang über den Hang hinab zum Flusse strömte. In den heidnischen Ländern wichen die Standbilder der fremden Götter von ihren Sockeln und beugten sich. Ein großer See wallte ungestüm im Ungarlande auf und schlug mächtige Wellen, als brandete die Freude sie auf.

So geschahen in dieser Stunde an allen irdischen Orten Wunder über Wunder. Die Nacht war in allen Ländern der

Welt hell wie ein sonnerfüllter, leuchtender Tag. Ein ungeheurer Glanz stand über der Erde, die sich auftat, dass auch zu den Seelen in der Finsternis das Licht des Heils und die Freude gelangen könne und das Echo des Jubelns empor zum Himmel dringe. Und es war nichts Totes und nichts Lebendiges, das nicht teilnahm an der heiligsten Feierstunde, in der das göttliche Kind in die Welt gekommen war.

Die Flügel der Freude
Hans Baumann

In jener Nacht, da sich um das Kind an der Krippe Tiere aus allen Winkeln der Erde versammelt, hörten sie alle zu später Stunde ein Klopfen, zaghaft zuerst, und jegliches wurde des Glaubens, rüstiger schlüge das Herz mit den Flügeln der Freude. Aber Maria sogar wachte auf, und das Kind hob sich vom Schoße der Mutter und trat in die Nacht. War ein Weiher. Und siehe: Nicht weit von der Mitte hüpfte das Eis. Dort schöpfte das Kind einen Fisch mit bloßen Händen aus dem quellenden Wasser. Er begann sich zu regen im Atem des Kindes. Gegen Morgen fielen die Schuppen; Schwingen, feuerklare, zuckten auf hinter den Kiemen. Lächelnd warf der Knabe den Fisch in die Luft. Vogel geworden, hob er sich auf in die Sonne.

Der Stall der Welt

Ochs und Esel bei dem Kind
Roland Schönfelder

In jener Nacht, als ein Kind geboren werden sollte, scheuten sich Ochs und Esel, in den Stall zu gehen. Der Ochse sagte: Ich bin zu groß und zu gewaltig. Ich könnte dem Kind Angst machen, wenn es mich sieht. Ich bin ein ungehobelter Klotz. Ich habe bei der Geburt des Kindes nichts zu suchen. Ich werde mir draußen auf der Weide ein Plätzchen suchen, wo ich vor dem Wind geschützt bin und die Kälte mir nichts anhaben kann. Ich bin nicht die richtige Gesellschaft für kleine Kinder, die eben erst das Licht der Welt erblickt haben. Ich gehöre vor den Pflug auf den Acker. Dazu hat mir der Himmel die starken Knochen gegeben und die Kraft.

Und der Esel gab zu bedenken: Ich bin zwar zäh und widerstandsfähig, aber dumm und faul – sagen alle Menschen von mir. Wenn ich für sie arbeiten soll, dann müssen sie mich mit dem Stock antreiben, sonst bin ich nicht zu bewegen. Ich stehe lieber in der Sonne und lasse mich bescheinen. Mit diesem Ruf kann ich zwar leben, aber ich bin wohl nicht das richtige Vorbild für das Kind, das da geboren werden soll. Es könnte mich nämlich fragend anschauen: Warum das denn so ist – und ich könnte keine andere Erklärung dafür finden, als die: Weil ich halt so bin, wie ich bin. Ich gehe mit dem Ochsen auf die Weide ein Plätzchen suchen, wo wir vor dem Wind geschützt sind und die Kälte uns nichts anhaben kann.

Das bekam die kleine Maus zu Ohren und sie stellte sich den beiden riesengroßen Tieren in den Weg und sagte mit aller Bestimmtheit: Ihr beiden bleibt hier und geht in den Stall, wo in dieser Nacht ein Kind geboren werden soll! Zu diesem Kind dürfen alle kommen: Die ungehobelten Klötze, die mit den starken Knochen, und alle, die stark sind und den Schwachen Furcht einjagen könnten. Zu diesem Kind dürfen auch die kommen, die nicht so gesegnet sind mit Verstand und Klugheit, die getrieben werden müssen, weil sie aus eigenem Antrieb nicht zu bewegen sind. Zu diesem Kind dürfen alle kommen: Die Starken und die Schwachen, die Weisen und die Einfachen, die Großen und die Kleinen, die Angesehenen und diejenigen, die als dumme Esel bezeichnet werden!

Und die kleine Maus sagte weiter: Wärmt das Kind mit eurem Atem und sagt dadurch, dass ihr da seid, den Menschen, dass sie alle – ohne Ausnahme – zu diesem Kind kommen können. Es will ihnen sagen, dass jeder von Gott geliebt und erwünscht ist, ohne Bedingungen erfüllen zu müssen!

Diese Worte der Maus machten dem Ochsen und dem Esel Mut und sie stellten sich zu dem Kind, das in dieser Nacht geboren wurde.

Die Katze von Bethlehem
Rudolf Otto Wiemer

Ja, der Ort heißt Bethlehem, daran erinnere ich mich genau, weil die Katze mir dort weglief. Darüber sind einige Wochen vergangen, und es ist ja auch ungewöhnlich, dass ein Soldat sich mit einer Katze anfreundet. Ich bin nicht Centurio, nein, ich bin ein einfacher Muschkote und gehöre der Mannschaft an, die das untere Judäa für den Statthalter Quirinius besetzt hält. Dieser hat wiederum den Kaiser Augustus als Herrn über sich, aber das weiß natürlich jedes Kind. Was mich betrifft, so stamme ich aus ärmlichen Verhältnissen. Überdies plagt mich das Heimweh. Oft habe ich die Augen woanders, als der Centurio sie haben will. Das hat mir schon so manchen Rüffel eingebracht. Oder bei den Kameraden ein hämisches Gelächter.

So war es auch, als wir in der Gegend von Bethlehem in einer Bauernhütte beim Waffenreinigen saßen und der Bauer, wenige Schritte entfernt, sich anschickte, ein Kätzchen im Eimer zu ersäufen. Ich sprang auf und entriss ihm das Tier, das nicht älter sein mochte als wenige Tage. Je nun, dazu hatte ich keinen Befehl. Ich konnte mich dem Centurio gegenüber auch nur damit entschuldigen, dass wir zu Hause stets Katzen um uns gehabt hätten. Der Centurio, zuerst verblüfft, dann aber für die Mannschaft auf einen Witz aus, überließ mir das Kätzchen, indem er ausdrücklich befahl, es gleichsam als eine Art Talisman für die Hundertschaft zukünftig mit meiner Löhnung zu versorgen. Die Kerle lachten lauthals.

Und die Katze hieß fortan, da sie zutraulich neben mir aufwuchs, Amica, abgekürzt Mica, das heißt Freundin. Dazu muss ich einräumen, dass man mich sowieso für beschränkt im Kopf hält. Man schreibt das meiner guten alten Mutter zu, die mir Respekt vor jeglicher Kreatur beibrachte und die nun in einem Vorort von Rom auf mich wartet. Es ist wahr, ich kann dem Kriegsdienst nichts abgewinnen, zumal ich sehe, wie die Einheimischen uns der grausamen Vorfälle wegen verachten. Sie gehen uns aus dem Weg. Sogar der Bauer wich vor dem Kätzchen zurück, weil er es für unrein hielt, nachdem es in meiner Hand, der eines Heiden und Götzendieners, gesessen.

Mica allerdings trug keinerlei Beschwernis von meinem Eingriff davon. Ich besorgte ihr Ziegenmilch, sie wuchs, trieb ihre Kapriolen und schnurrte mir um die Füße, sobald ich vom Dienst kam oder abends die Stiefel auszog. Tagsüber saß sie meist im Wachhaus auf der Fensterbank. Streckte sie sich, so mussten selbst die hartnäckigsten Spötter ihren kräftigen Wuchs und das glänzende schwarze Fell, das an den Pfoten helle Flecken aufwies, bewundern. Freilich auf Mäusejagd ging Mica ebenfalls. Das war ihr angeboren, auch wenn ich ihr anmerkte, dass sie meine Abwehr verstand und sie durch freundliche Zuwendung gutzumachen suchte.

Um so mehr war ich erschrocken, als sie eines Tages weglief. Die Nacht fiel früh herein, kalt wehte der Ostwind über die Stoppeln. Außerdem wurde der Wachdienst verstärkt, da ganz Bethlehem der Steuerzahlung wegen sich ausweisen musste und viel fremdes Volk in den Gassen zusammenlief. Unsere Unterkunft liegt am Ende des Dorfes. Die Mauer grenzt an das Brachfeld, wo gewöhnlich die Hirten ihre Schafherde, wenn es dunkelt, in die Pferche führen. Sie brennen dann ein Feuer an, um die streunenden Wölfe abzuhalten. Harmlose Leute sind es, diese Hirten. In Armut und Angst hoffen sie auf bessere Tage, denn sie sind für jedes verlorene Lamm verantwortlich und werden von den Großpächtern, die ihre Herren sind, bei jeder Nachlässigkeit hart bestraft. Uns Söldner fürchten sie fast noch mehr, weil das Gerücht eines zukünftigen Krieges bei ihnen nicht auszurotten ist. Kurzum, sie machen einen Bogen, sobald einer der unsern sich nur blicken lässt. Deshalb habe ich auch nie mit einem Hebräer gesprochen, obwohl ich ein paar Brocken ihrer Sprache verstehe und mir, lege ich die Rüstung ab, nicht viel anders vorkomme als jene, die ebenfalls eine Mutter haben und arm sind, noch dazu unter einem römischen Befehl.

Diesmal musste ich jedoch mit den Hirten sprechen. Ich war ja fast außer mir, da ich bis zum Abend keine Spur von der Katze entdeckte. Ich war über die Felder gelaufen, durch den Weinberg, hatte die Hütten in der Nähe des Dorfes abgesucht, alles ohne Erfolg. Jedesmal, wenn ich mit hängendem Kopf zurückkehrte, machten die aus meiner Hundertschaft sich über mich lustig: »Na, hat vielleicht der Wolf deine Mica gefressen? Oder der König Herodes?« Nein, schlafen konnte ich in dieser Nacht nicht. Ohnehin kündigte sich ein Wettersturz an. Der Himmel war in Aufruhr.

Das machte mich unruhig. Ich vernahm sogar Stimmen draußen, und als ich, noch in voller Montur, den Soldatenmantel überwarf, den Helm aufsetzte und an der Wache vorbei ins Freie trat, war ich fast verzweifelt. Ohne nachzudenken, lief ich durch die ruhenden Schafherden hindurch auf das Hirtenzelt zu. Es war leer. Nur ein uralter Mann mit schlohweißem Haar und starrem Blick saß bei der Asche. »Was willst du hier?«, murmelte er, noch ehe ich eine Frage an ihn richten konnte. »Du musst nach Bethlehem gehen, zum Stall. Dort wirst du finden, was du suchst.« »Zum Stall?«, knurrte ich. »Bist du von Sinnen? Es gibt viele Ställe in diesem verdammten Nest. Welchen Stall meinst du?« Es ist wahr, ich fluchte, weil ich an meine verlorene Katze dachte. Der Alte schien mich zu verstehen. »Es gibt nur diesen einen Stall«, sagte er. Dann begann er wieder zu murmeln, krauses Zeug, wie mir schien, von einem Kind, in Windeln gewickelt, und von einem hölzernen Viehtrog.

Ein Kind? Ein Viehtrog? Na ja, was denn sonst? Unwirsch wandte ich mich wieder nach draußen. Es mochte kurz nach Mitternacht sein. Die Welt war wie ausgestorben. Ungewisses Licht schimmerte in der Tiefe des Himmels. Und wahrhaftig, ein heller Stern, wie ich ihn noch nie gesehen, stand über dem Ort, genau gesagt, über einem armseligen Dach am Rande von Bethlehem. Beim Näherkommen sah ich: Es war ein Stall, wie der Alte behauptet hatte. Ich trat ein. Stroh hing im Gebälk, es roch nach Ochs, nach Ziege und Esel. Noch mehr wunderte es mich, als ich beim Schein der Laterne die Hirten erkannte, fünf oder sechs Männer. Die kauerten um das Krippenholz und hielten ihre struppigen Köpfe gesenkt. Als sie meinen Helm und meine Rüstung gewahrten, rückten sie enger zusammen. Ich trat, um ihnen keinen Schrecken einzujagen, rasch hinter den Balken zurück. Deshalb habe ich von dem Kind in der Krippe wenig gesehen, auch die Frau und den Mann kaum wahrgenommen, zu denen das Kind gehörte. Doch als ich, wie gesagt, aus dem Dunkel ins Helle starrte, entdeckte ich Mica, meine Katze.

Man möge mir verzeihen, dass ich für nichts anderes Augen hatte. Ich war so überrascht, die Verlorene hier wiederzufinden, dass ich weder Fuß noch Hand rühren konnte. Ich musste die Katze einfach anschauen, wie sie dort saß in ihrem schönen schwarzen Fell und wie sie die weißgefleckten Pfötchen so anmutig hielt. Was aber hockte vor ihr im Stroh? Man wird es kaum glauben, doch so wahr ich ein Soldat des Kaisers bin: Dort, dicht vor der Katze, saß eine Maus. Eine graue Stallmaus. Und, was meint ihr, die Maus fürchtete sich nicht vor der Katze; und die Katze hatte offenbar keinerlei Laune, die Maus zu fressen. Nein, die beiden Tiere spielten miteinander. Ich sah – und das ist es, was ich nicht vergessen kann –, wie ihre Pfoten, die großen, kralligen der Katze und die kleinen, rosafarbenen der Maus, sich berührten; wahrhaftig, sie kamen sich sehr nahe, es sah fast menschlich aus.

Muss ich noch sagen, dass ich Mica mit Freuden nach Hause trug? Die Hirten gingen mir zu Seite. In sich gekehrt, dann wieder sehr gesprächig, schienen sie keine Furcht mehr vor meiner Rüstung zu haben. Sie erzählten in ihrem Kauderwelsch vom Kind, von Maria und Josef, sogar von Engeln. Die hätten, sagten sie, in einem unglaublichen Licht plötzlich vor ihnen gestanden und Frieden für alle Menschen verkündet. Ich gestehe, dass ich dies alles nur undeutlich vernahm, auch nicht recht daran glaubte. Nur eines: Das Wort »Frieden« drang dergestalt in mich, dass ich immerfort an meine alte Mutter denken musste und an den Augenblick, da sie auf der Schwelle unseres Hauses stehen würde, um mich, den Heimgekehrten, zu umarmen.

Noch seltsamer: Ich werde es nicht mehr los, das Wort. Besonders, wenn ich Mica betrachte, die auf der Fensterbank sitzt und mir zublinzelt. Nun ja, sie fängt wieder Mäuse; aber es hat diese eine Nacht gegeben, die es meiner Mica erlaubte, wie eine Schwester mit der Maus zu spielen; ich sah es mit eigenen Augen. Aber was, beim Himmel, war das für eine Nacht, in der die Katze mehr wusste als ich?

Die Stunde des Wolfs
Maria Hermann

Tagelang schon musste sich das Rudel mit kargem Futter begnügen. Mäuse und einmal ein Jungfuchs, das war alles. Agalon, der Anführer des Rudels, spürte die wachsende Unruhe. Er hörte das verhaltene Murren der Jungtiere. Er sah die spöttischen Blicke der Wölfin. Und er bemerkte, wie ihre Augen wohlwollend und herausfordernd auf Agar, ihrem Ältesten, ruhten. Der erhaschte den Blick der Mutter. Ein wildes Feuer glomm in seinen Augen auf. Agalon sah es wohl. Einen Rivalen hatte er sich da herangezogen. Der Sohn wurde ihm gefährlich. Bald würde er mit ihm um die Gunst der Wölfinnen und um die Herrschaft im Rudel kämpfen. Noch konnte Agalon dem Sohn zeigen, wer der Stärkere, der Klügere, der Gerissenere und Erfahrenere war. Es galt, die Zeit zu nutzen, die ihm noch blieb.

Als die Dämmerung hereinbrach, beschloss Agalon, an diesem Abend auf große Jagd zu gehen. Sollte er heute nichts erjagen, wollte er kampflos die Herrschaft über das Rudel an Agar abtreten. Diese Nacht, so entschied er bei sich selbst, sollte entweder die Nacht seines größten Triumphes oder aber die Nacht seiner endgültigen Niederlage sein. Er rief das Rudel zusammen und befahl den Wölfen, beieinander zu bleiben bis zu seiner Rückkehr. Er rief Agar zu sich und übertrug ihm die Verantwortung. »Bis ich zurück bin«, sagte er. – »Oder auch für immer«, setzte er bedeutungsvoll hinzu. Als er sich nochmals umdrehte, fing er den Blick der Wölfin auf. Achtung lag darin und Liebe. Lange hatte sie ihn nicht mehr so angesehen. Mit einem großen Sprung setzte er über den Stein und entschwand den Blicken des Rudels.

Zunächst streifte er ziellos umher. Mit allen Sinnen nahm er die Landschaft in sich auf. Wilde, zerklüftete Steine, Höhlen dazwischen, Schlupfwinkel für Mensch und Tier. Räuber verbargen sich hier, vor denen musste man sich hüten. Aber auch anderen Wolfsrudeln ging Agalon heute lieber aus dem Weg. Ihm war nicht nach Kampf zumute, jetzt nicht, noch nicht.

Als der große Wolf am Rand der Felswüste angekommen war, ging die Sonne unter. Hoch oben auf dem Felsen blieb Agalon stehen. Die Ebene war wie mit Glut übergossen. Dunkel standen die Wacholderbüsche gegen das leuchtende Rot. Eine leichte Brise strich über das dürre Steppengras. Agalon stieß einen Seufzer aus. Er wagte nicht, die bebende Stille zu durchbrechen. Er hätte jauchzen mögen, so sehr berührte ihn das sanfte Rauschen des Windes, die hingebungsvolle Bewegung der Gräser und das flammende Rot über der Ebene. Die letzten Sonnenstrahlen hüllten Agalon ein; eine dunkle Silhouette, hingegeben dem Augenblick, alle Gefahr vergessend.

Am Rande der Ebene hatten Bethlehems Hirten ihre Herde zusammengetrieben. Es war ihre Stunde. Die Stunde vor dem Einbruch der Nacht. Sie hatten dürres Gras und Reisig zusammengetragen und waren eben dabei, das Feuer zu entzünden. Da sah einer von ihnen den großen Wolf. Der Hirte tat einen lauten Schrei. Die Gefährten liefen zusammen. Müdigkeit und Hunger waren vergessen. Sie beschlossen, die Herde noch einmal weiterzutreiben und bedeckten ihre Feuerstelle mit Erde. An einem sanft ansteigenden Hügel konnten sich die Schafe lagern, im Schutz von Wacholderbüschen, die dort im Kreis standen. An einer Stelle gaben die Büsche einen Weg frei. Dort wollten die Hirten dorniges Reisig aufschichten, damit der große Wolf nicht eindringen konnte.

Der Schrei des Hirten hatte Agalon aufgeschreckt. Mit langen Sätzen sprang er vom Felsen und suchte sich im Gebüsch ein Versteck. Wie konnte er sich nur so den Blicken der Menschen aussetzen! Wenn er heute noch einen Fang tun wollte, musste er warten. Warten bis die Nacht ganz einbrach und kein huschender Schatten den Wolf verriet. Agalons Herz klopfte. Er war verwirrt. Irgend etwas war mit ihm geschehen. Er kannte sich selbst nicht mehr. Kündigte sich so das Alter an? Sollte er Agar weichen, ehe sich das Rudel über ihn lustig machte?

Inzwischen hatten Bethlehems Hirten ihr neues Nachtlager bezogen. Die Lücke zwischen den Büschen war sorgfältig mit Dorngestrüpp ausgefüllt. Platz für ein Feuer gab es freilich nicht mehr und auch kein warmes Essen. Aber wer denkt schon an ein warmes Essen, wenn den Tieren Gefahr droht? Bethlehems Hirten wollten sich nicht nachsagen lassen, ihr eigenes Wohlergehen sei ihnen wichtiger, als das Leben ihrer Tiere. Die Hirten hatten keinen guten Ruf, aber es war nicht ihre Schuld. Dicht gedrängt und leise schnaubend lagen die Schafe da. Widerwillig waren sie den Hirten zu dem neuen Schlafplatz gefolgt. Nur das mahlende Geräusch ihrer Kiefer durchbrach die Stille der Nacht. Und der Wind spielte mit den trockenen Halmen des braunen Steppengrases.

Da fuhr es plötzlich wie ein Blitz vom Himmel und tauchte die nächtliche Landschaft in strahlendes Licht. Wie geblendet fuhr Agalon aus seinem Versteck empor. Nie zuvor hatte er solch ein strahlendes Licht erlebt. Natürlich war er auch schon bei Gewitter unterwegs gewesen. Und für Augenblicke hatten die zuckenden Blitze Büsche, Fels und die Ebene erhellt. Und den Blitzen war der krachende Donner gefolgt. Aber das hier war ein anderes Licht, und der Donner blieb aus. Nur Stimmen vernahm Agalon, und auch sie klangen anders als die Stimmen der Menschen, die er gewohnt war zu hören.

Plötzlich verstummte das Raunen vom Himmel her. Aber ein Schein des Lichts blieb über der Ebene liegen. Agalon sah, wie die Hirten eilig ihr Nachtquartier verließen. Sie traten das Dornengestrüpp nieder und liefen mit langen Schritten davon, als hätten sie keine Zeit zu verlieren. Langsam, geduckt schlich sich Agalon an. Die Schatten der Wacholderbüsche gaben ihm Schutz. Je näher der Wolf der Schafherde kam, um so verführerischer stieg ihm der Geruch ihrer Leiber in seine witternde Nase. Und die Hirten hatten die Herde verlassen!

»Das ist meine Stunde, die Stunde des Wolfs!«, dachte Agalon triumphierend. Leise umschlich er die Wacholderbüsche. Er wollte nichts riskieren, die Schafe nicht wecken oder erschrecken, denn die Hirten konnten noch nicht weit sein und jederzeit zurückkommen. Schritt um Schritt näherte sich der Wolf der Stelle, wo die Wacholderbüsche sich öffneten, einladend fast, wie eine Tür. Er sah, dass die Hirten bei ihrem eiligen Aufbruch das Dorngestrüpp niedergetreten hatten. In dem Augenblick aber, in dem der Wolf zum Sprung ansetzte, erklang plötzlich das Weinen eines Kindes. Es klang, als flehte es um Hilfe. Agalon spähte suchend umher. Doch konnten seine nachtgewohnten Augen kein Kind entdecken. Aber immer noch lag eine Spur jenes seltsamen Lichtes über Bethlehems Flur. Agalon schlich suchend weiter. Aber nirgends konnte er ein Kind finden. Noch einmal umrundete er das Wacholdergebüsch, immer begleitet vom Weinen des Kindes.

Agalon verschlug es beinahe den Atem. Es legte sich wie eine Last auf sein Herz. Alle Angst der Kreatur schien in diesem Weinen zu liegen. Aller Schmerz und alles Leid der Welt drang an Agalons Herz. Still stand der große Wolf da. Ein Heulen entrang sich seiner Brust. Als klagten alle Geschöpfe dem Himmel ihr Leid, so klang Agalons Heulen durch die Nacht. Das Weinen des Kindes aber verstummte. Und nun veränderte sich das Geheul des Wolfes. In sein Klagen mischten sich plötzlich Töne der Freude, es war wie ein Staunen und stammelnde Sehnsucht.

Plötzlich brach Agalon ab. Er lauschte. Ein Geruch drang ihm in die Nase. Ein Wolfsgeruch. Er war nicht allein auf der Jagd. Jetzt sah er den jungen Wolf, der mit großen Sätzen auf das niedergetretene Dorngestrüpp, direkt auf die lagernde Schafherde, zujagte. Wütend warf sich Agalon dem jungen Wolf entgegen, sprang ihn an und verletzte mit einem Biss das Ohr des anderen. Aufheulend ergriff der Jungwolf die Flucht. Agalon setzte ihm nach, bis der andere in einer Felshöhle verschwand. Dann machte der große Wolf kehrt.

Er dachte nicht mehr an seinen Hunger, nicht mehr an das hungrige Rudel und die wachsende Unruhe dort und nicht mehr an den Fang, den er machen wollte. Das Weinen des Kindes hatte sein Herz berührt. Langsam, zögernd schlich er der Höhle zu, die sein Rudel bewohnte. Noch immer hing ein Schimmer über Bethlehems Flur. Als Agalon die Höhle erreichte, schliefen die Jungtiere. Nur die Wölfin sah ihm entgegen mit einem fragenden, brennenden Blick. Sie hatte sein Heulen gehört.

Könige kommen

Auf dem Wege
Rudolf Hagelstange

Von Askalon bis nach Jerusalem sind es nicht mehr als zwei Tagesreisen, wenn man so gut beritten ist wie Muhamed und Ganguly. Es sollte sich aber zeigen, dass Habakuks Eselin nicht – wie die beiden insgeheim befürchtet hatten – das Tempo der Reise verlangsamte. Wenn auch Habakuk am Schluss der kleinen Karawane ritt, so trippelte sein Reittier doch leicht und beharrlich dahin, und wenn auch Muhamed gelegentlich seinem Araberhengst ungeduldig die Sporen gab und in einem rasanten Zwischengalopp, Staub aufwirbelnd, voraussprengte – das Schrittmaß bestimmten die schleppfüßigen Kamele und Dromedare. Wenn es Verzögerungen oder Aufenthalte gab, so kamen sie vor allem von diesen, die einmal ein Stück ihrer Last verloren, ein andermal sich untereinander stritten, ein drittes Mal sich ohne ersichtlichen Grund störrisch zeigten. Es sind wohl doch zumeist die Kamele und die Esel, die das durchschnittliche Tempo des Fortkommens bestimmen.

So hoch und dekorativ freilich der Inder Ganguly auf seinem Reittier thronte, und so kühn und herrscherlich sich

Muhamed in seinem wehenden Burnus ausnahm – der heimliche Führer, das Herz und das Hirn der Gruppe war Habakuk. Seit er zu den beiden anderen gestoßen war, schien die ungewisse Dämmerung zu weichen, das Geheimnis einen Namen zu erhalten. Dem neuen Sternbild würde sich nun ein neues Schicksal gesellen. Wer aber sollte der Heilige sein, den der jüdische Prophet mit einer Flamme verglichen hatte, deren heißer Atem alle Dornen und Hecken anzünden und verzehren würde auf einen Tag?

Abends, nachdem sie ihre Tagesreise zurückgelegt und eine günstige Raststelle ausfindig gemacht hatten, saßen sie am Lagerfeuer wieder beisammen, vor einer kleinen Felseinbuchtung, abgeschirmt durch die Zelte Gangulys und Muhameds und ihren kleinen Tross. Die Wüstenfüchse bellten, und die Nacht war bewölkt und kühl. Sie hatten ein einfaches Nachtmahl eingenommen und beschlossen, am nächsten Morgen früh aufzubrechen, um ihrem Ziel Jerusalem möglichst nahe zu kommen. Denn Jerusalem, so hatte Habakuk ihnen gesagt, sei die Brücke, über die man ans andere Ufer, ins neue Leben, in einen neuen Äon gelangen werde. Aber was sie am jenseitigen Ufer erwarten würde, das wusste wohl auch er nicht zu sagen, obwohl er der Landeskundige, der Schriftgelehrte, der Heilsbesessene war ...

Aber – mit einem Male begann er zu reden, wie im Selbstgespräch und ihnen unverständlich, in der Sprache seiner Väter. Seine Rede war zunächst leise, stockend, tastend; aber dann überstürzte sie sich fast. Es war, als ob ein Gedanke den anderen, eine Erinnerung die andere überholen wolle. Er schien sich selbst davonzulaufen. Dann jedoch hielt er inne. Wie ein Erwachender sah er um sich, ein wenig schuldbewusst, und bat die Reisegefährten um Verzeihung für sein seltsames Gebaren, seine Abwesenheit. »Ich war nicht mehr bei mir«, sagte er entschuldigend. »Ich war weit in den Jahrhunderten, die hinter uns liegen, und war auch in denen, die noch kommen werden. Adler haben mich getragen.« Er lächelte. Und nach einer Weile schloss er an: »Wir werden das Heil sehen, meine Freunde. Gott hat meinen Verstand erleuchtet und meine Augen sehend gemacht.« Dann schob er ein paar Zweige in das Feuer, hieß Muhameds Gehilfen trockenen Kamelmist bringen, den er mit den Gebärden eines Krankenpflegers, der einem Verletzten ein Pflaster auflegt, behutsam ins Feuer verteilte, lachte einige Male leise dabei, als ob er sich eines gelungenen Scherzes erinnere, und dann hockte er sich näher zu den beiden und berichtete von dem, war ihn bewegte und beschäftigte.

Er sprach von einem neuen König, den die großen jüdischen Propheten vorausgesagt hätten und der jetzt kommen müsse und den sie vielleicht schon in wenigen Tagen von Angesicht zu Angesicht sehen würden. Die Propheten hätten ihm wunderbare Namen gegeben: Weiser Rat, Held, Friedefürst, Ewigvater ... und sein Leib werde wie Türkis sein, seine Rede Donner, sein Antlitz wie ein Blitz. Seine Augen aber würden wie feurige Fackeln leuchten und sprühen. »Wenn sie nur sprühen wie die deinen«, sagte Muhamed in

lächelnder Verwunderung, »will ich schon zufrieden sein.«
Und Ganguly nickte dazu, auch er lächelnd. Sie sahen staunend die lodernde Begeisterung, die ihn ergriffen hatte, und liebten ihn dafür.

Aber Habakuk schien der Einrede nicht zu achten. Er war schon wieder bei seinem Friedefürsten, der endlich, endlich das Verlangen aller Welt stillen und den so bitter entbehrten Frieden bringen werde, der erhoffte Messias, der erwartete große Immanuel, der Ersehnte aller Völker und Geschlechter, der kommen werde, auf dass seine Herrschaft groß werde und des Friedens kein Ende auf dem Stuhl Davids und in seinem Königreich, dass er es zurichte und stärke mit Gericht und Gerechtigkeit von nun an bis in Ewigkeit. Ach, er malte den beiden ein Reich, dass ihnen die Ohren widerhallten und die Augen übergingen. Es werde ganz friedlich zugehen in diesem Reich des neuen Königs.

Und wie es zugehen würde, dafür stand ihm die Weissagung des Jesaja, welche er ihnen hersagte: »Beim Lamm wird verweilen der Wolf, der Leopard lagert beim Böcklein. Kalb und Löwe mästen sich gemeinsam, ein kleiner Knabe kann sie hüten. Kuh und Bärin freunden sich an, ihre Jungen lagern beieinander, der Löwe frisst Stroh wie das Rind, der Säugling spielt am Schlupfloch der Otter, nach den Jungen der Viper greift das Kind mit der Hand. Die Erde wird voll der Erkenntnis des Herrn sein, wie Wasser das Meer bedeckt.«
Und die Worte flossen von seiner Zunge wie Honig aus übervollen Waben, und unter seinen Gebärden legten sich die

wildesten Bestien, schossen Zedern aus dem Wüstensand, enthüllte der bedeckte Himmel seine Sternbilder, unter denen auch das ihre hell erstrahlte, tröstlich und Hoffnung weckend.

»Es geht eine wunderbare Kraft aus von dir und deinen Worten«, sagte Ganguly warm, den Blick an die Sterne geheftet, »eine Kraft, wie ich sie noch von keinem Lebendigen jemals erfahren habe. Und wenn ich auch nicht glauben kann, dass meine alten Augen dieses Reich des Friedefürsten auf unserer Erde noch erschauen werden, so hast du es doch mein geistiges Auge erschauen lassen. Wer kann wissen, was möglich ist und was nicht. Ich weiß nur, dass wir ärmer wären als der Wurm im Staube, wenn wir nach dieser Läuterung nicht verlangten und nicht hoffen würden über alle getäuschte Hoffnung hinaus.« »So ist es«, sagte Muhamed, und Habakuk, fast heiter, schloss an: »Wir haben unseren Stern.«

Der Legionär
und die Heiligen Drei Könige
Cornelius van der Horst

Der Legionär Thorstraaten hat seit einigen Nächten schlechte Träume, und jetzt, als er zur dritten Nachtwache gerufen wird, geht er mit düsterem Gesicht zur äußeren Umwallung des Lagers, das die römischen Streifwachen am Ufer des Toten Meeres aufgeschlagen haben. Die Nacht ist windstill, und doch meint er ein fernes Brausen zu hören, verlorene Rufe, die über das schweigende Land hinschwirren wie nächtliche Vögel. Unstet treiben seine Gedanken hierhin und dorthin; manchmal steht er horchend still und starrt über die unbewegte Fläche des Meeres, die wie ein matter silberner Spiegel vor ihm glänzt. In der vergangenen Nacht ist er hochgefahren, eine dunkle Gestalt stand über ihn gebeugt, und eine sanfte Stimme war an seinem Ohr, eine Stimme, die wie ein Gesang war, zart und wiegend. Er hat noch lange wachgelegen und nachgedacht, die Stimme schwieg, und der Himmel schwieg, an dem die Bilder der Sterne wie immer heraufzogen, und es war wohl nur ein Traum, der über ihn gekommen war. Warum muss er plötzlich an den Morgen der Jugend denken, an dem er zum ersten Mal das Meer sah, hoch im Norden hinter der Wälderheimat, unter einem blau und golden leuchtenden Himmel? Er sieht sich aus dem Haus gehen und die langsam fallende Küste zum Meer hinablaufen, er schmeckt und trinkt den salzigen Geruch ...

Der Legionär beginnt die Jahre zu zählen; er rechnet mühsam an den Fingern. Fünfzehn Jahre und noch mehr treibt ihn die Faust und die Stimme des Centurio vorwärts, und heute will es ihm scheinen, als wäre sein weiter Weg aus den grünenden Wäldern daheim und von den Küsten der silbernen See nur ein immer mühsamerer Gang aus dem hellen Leben in die Finsternis der Nacht. Was ihn hierhergebracht, enträtselt sich ihm nicht mehr. Er muss sehr jung und sehr unweise gewesen sein, als sie ihn mitführten unter den glänzenden Feldzeichen des römischen Cäsars Augustus, unter fremden kalten Befehlen. Aus dem Lagerjungen, den man schlug und hetzte, ist der Legionär geworden. Man hat ihm seine Erinnerungen und seinen Namen genommen. Er hat einen anderen, römischen Namen dafür eingetauscht, mit dem er auf der Wache, im Feldlager und auf dem Marsche angerufen wird. Er hat gelernt, das römische Kurzschwert zu führen. Er hat noch mehr gelernt: das Töten, so oft es ihm befohlen wurde. Später – aus dem blutigen Nebel der Jahre, aus dem verworrenen Wirbel der Jahre, aus dem dunklen Trommelschlag der Jahre auf sein Herz tauchen verzerrte Gesichter und bebende Stimmen auf, später war zwischen dem weinberauschten Gesang am Lagerfeuer und dem Blutrausch der Gefechte und Schlachten kein Unterschied mehr, das Entsetzen über das Tötenmüssen wich zurück, und die Jugend zerbrach. Das Haus des Vaters unter den gekreuzten Pferdeköpfen am Giebel wurde undeutlich, die Wälderheimat versank, und unter der südlichen Sonne verbrannte sein Herz.

Der Legionär Thorstraaten starrt zu dem Stern hinüber, der strahlend im Osten emporsteigt. Er hat ihn gestern und vorgestern wachsen sehen, aber erst in dieser Nacht, die die Erinnerungen wie eine Windsbraut zu ihm trägt, blickt er zu ihm empor, als sähe er dort die schimmernde Küste eines anderen Landes, wo seine treibenden Gedanken zur Ruhe gehen können. Er spürt einen schweren Atem in seinem Nacken, und er hört die kühle Stimme seines Centurio, der ihn fragt, was die bedeuten, die dort auf der Straße nach Beth Sahur vorübereilen. Der Legionär Thorstraaten blickt angestrengt hinüber, er wischt sich

die Augen: Das sind Reiter, die dort vorüberfliegen, fast lautlos auf dem weichen, sandigen Grund der Straße. Und als
wache die Welt jäh auf aus dem Schweigen dieser Nacht, ist
plötzlich Lärm über dem Land, und Geschrei kommt von
den Bergen, und Lichter glühen auf über jagenden Pferden,
und die Stimme des Centurio ist voller Wut und Hass und
Gift. Die halbbekleideten Legionäre stürzen heran, das Kurzschwert in der Faust, und nun ist wieder die Luft der Gefahr
um die Soldaten, von schnellen harten Atemstößen geteilt.

Die Schatten der eilenden Reiter sind wieder versunken,
der Hufschlag der Pferde ist verhallt. Doch waren sie wohl
nur der Vortrab eines größeren Zuges: Dort von den Bergen
Moabs bricht ein neuer strahlender Reiterzug heran, im Licht
der Fackeln, die über dem Zuge schwelen, flammen rot die
goldenen Schabracken der Pferde und funkeln kleine Sterne am Zaumzeug. Wie eine Woge kommen sie heran: Reiter im Schwarm voraus und drei, die gesondert reiten. Sie
sind heran; sie lachen und rufen, als sie die Kurzschwerter
der Legionäre sehen. Sie gleiten von ihren Pferden und kommen mit geöffneten Händen näher. Der schimmernde
Goldglanz auf ihren Kleidern sticht den Legionären in die
Augen.

Der Centurio ist ein Weltmann, ein Römer, und hier ein
Stellvertreter des Augustus. Der Centurio weiß: Das sind keine
Räuber, das sind Botschafter und Gesandte, unterwegs zum
Kaiser Augustus. Er hat ein breites Lachen um seinen Mund,
auch seine Hand ist offen, und er spricht die kurzen römi-
schen Grußworte. Dann, als er merkt, dass ein staunendes

Fragen in den Gesichtern der Reiter ist, wiederholt er seine Worte in fremder Mundart. Sie verstehen sich, Thorstraaten hört schnelle Frage, rasche Antwort. Auf dem Gesicht des Centurio sieht er Zweifel, ein Lächeln dann, das sich rasch unter einem höflichen Ernst verbirgt. Soviel ist klar, und Thorstraaten weiß es auch, nachdem sie wohl eine Stunde einander abgehorcht haben – das sind keine Botschafter an den Kaiser, und es sind auch keine Kundschafter, das sind ganz einfach wunderliche Narren, die einem Traum nachjagen, wie er schnell aufbrennt in diesen heißen Ländern, Träume von wunderbaren Welten und von gerechten Königen über der einen umfassenden Welt ...

Die Legionäre lachen und witzeln, sie staunen freundlich hinauf zu dem strahlenden Stern, auf den die Reiter immer wieder mit schnellen erregenden Rufen deuten. Die Legionäre hören, dass die Fremden diesem Stern gefolgt sind und dass sie um seinetwillen Gebirge und Wüsten überwunden haben. Nun, es sind eben Narren, die Ernst machen mit dem schweren Wort, dass der Mensch von Anbeginn der Welt bis zu ihrem Ende unterwegs sein muss, um ihren Sinn zu erfahren. Aber das ist eine Weisheit für die Kaiser, für die Götter und die sonstigen Müßiggänger; das ist nicht die Weisheit der Legionäre. Thorstraaten sieht in die leidenschaftlichen Augen unter den goldbesäumten Kopftüchern, eine tiefere Glut wohnt in ihnen als der Widerschein flüchtiger Gedanken. Was ist dieses ratlose flammende Begehren, das die Gesichter aus ihren Bedrängnissen löst und sie öffnet, dem Stern entgegen, der glänzenden Insel der Hoffnung, die dort auf dem samtenen Rund des Himmels schwimmt?

Thorstraaten weiß es nicht; auch in ihm ist jetzt die Ratlosigkeit der anderen, und fast sprengt ihm die Freude die Brust, als der Centurio ihm mit knappen Worten befiehlt, den Zug der Fremden zu begleiten. – Ein Ehrengeleit! so mit dünnem Lächeln zu den Fremden hinüber, die wohl mit blitzenden Geschenken antworten; eine Wache, für alle Fälle! so zu sich selbst und mit einem raschen Blick hinüber zu dem Legionär Thorstraaten, der seines Hauptmanns Mienenspiel kennt und schweigend davongeht, um sich zu rüsten.

Und dann reitet er hinter den Fremden, ein wunderliches zerrendes Gefühl in den Gliedern. Wie lange hat er nicht mehr auf eines Pferdes Rücken gesessen? Er hat Mühe, sich oben zu halten. Solange sie im Schritt reiten, mag es noch gehen. Aber als der Vortrab die Ebene erreicht hat, die Pferde ausgreifen, da sind die Jahre nicht so rasch gezählt und wieder vergessen, die er auf staubigen Straßen marschiert ist; sie hängen ihm wie Blei in den Gliedern, und ein Krampf sitzt in seinen Fäusten. Unruhig tanzt das Pferd unter wechselndem Schenkeldruck. Ganz langsam aber erwacht die Erinnerung, und da wagt er es, den Kopf zu heben und sich im Sattel zurechtzurücken und mit dem wiegenden, warmen Rücken unter sich vertraut zu machen.

Die drei, die vor ihm reiten, sind stumm und nachdenklich. Manchmal sehen sie hinauf zu dem strahlenden Stern, und dann verschönt ein Lächeln ihre Gesichter. Heute, morgen und immer – denkt der Legionär Thorstraaten, und ein freudiges Gefühl sprengt die Ringe der Jahre. Er jagt manchmal an die Seite der Fremden vor, er spricht zu ihnen in der Sprache seiner Jugend. Sie verstehen ihn nicht, aber sie nicken und lächeln freundlich. Sie hören wohl die andere Stimme hinter dem Laut der fremden Worte, die verlangende sehnsüchtige Stimme nach Heimat, nach Frieden. Könige nennen sie sich, hat der Centurio beim Abreiten ihm zugeraunt, mit einem leisen, spöttischen Lachen. Könige wohl über drei Dattelpalmen und fünfzig Ziegenschläuche? Was soll ein römischer Weltmann sagen, wenn die Nacht einige Wüstensöhne ausspeit und ihrer drei gleich sind Könige ...? Rom ist groß und hat nur einen Augustus, und Augustus ist der Herr der Welt. Pass gut auf die Könige auf, hat der Centurio ihm in lateinischer Sprache nachgerufen, und das Lachen der Legionäre war noch lange in Thorstraatens Ohr.

Was geht mich der Kaiser an? denkt Thorstraaten aufrührerisch. Warum soll es nicht Könige geben außer dem Kaiser? Dass sie, die Legionäre, marschieren für den Glanz und Ruhm des Cäsars, das macht den Kaiser. Und nun reite ich mit den Königen. Dämmert der Morgen? Nein, es ist der Stern, der zu ihren Häuptern weithin leuchtet. So leuchtete wohl noch nie ein Stern, als wolle er den ganzen Himmel in Flammen setzen. Ein helles Licht fließt über die Erde, und auch die Schatten in den Schluchten und Schründen werden durchsichtig und strahlen auf.

Sie verhalten die Pferde. Atemlos sehen die Reiter hinauf, und da sieht Thorstraaten, wie einer der Könige seinen Arm hebt und einen Bogen beschreibt über das ganze ungeheure Rund des Himmels, und er sieht, wie die Tränen aus den geöffneten Augen stürzen und über das braune abgezehrte Gesicht laufen, und er sieht alle die hellen Gesichter der Könige und ihrer Reiter. Dann reiten sie nur noch im Schritt weiter. Dumpf, fast unhörbar gehen die Hufe der Pferde durch fließenden Sand. Jetzt reiten die Könige an der Spitze, und hinter ihnen reitet Thorstraaten. Sie reiten hinein in die Ebene von Beth Sahur, auf der viele tausend Lagerfeuer brennen, von denen ein brausender Gesang aufsteigt. Vor einer Grotte hält der Zug, und die Reiter steigen von ihren Pferden. Die Könige neigen ihr Haupt unter dem niedrigen Eingang, und Thorstraaten muss sich noch tiefer beugen, da er die Könige um Haupteslänge überragt.

Sie stehen in einem Stall, und es ist nicht viel Sonderliches darin zu sehen. Es ist ein Stall, wie es viele gibt in diesem Lande der Hirten. Und warum beugen die Könige ihre Knie vor der Frau, die auf einem armseligen Bündel Heu sitzt und ein Kind in ihren Armen hält? Und warum kommt über Thorstraaten plötzlich die Trauer, und warum brennt ein Wort in seinem Herzen auf und nagt in ihm und treibt seine Füße zurück über die Straßen, die Berge, die er bis zu diesem Ort gewandert? Er kann das Wort nicht sagen, das in ihm brennt. Er weiß nur: Wenn es nicht mehr brennt und schmerzt, wird Frieden sein in seiner Brust.

Der Legionär Thorstraaten hat noch einige Jahre unter den Feldzeichen des Cäsars gedient. Er ist den langen Weg zurückmarschiert, ein Mann, der grau wurde in Schlachten und Gefechten. Aber er hat die Stunde dort auf der Ebene von Beth Sahur nicht mehr vergessen, unter den Mauern der Stadt Bethlehem, in der Grotte des Kindes. Er weiß noch, wie er aufschrak aus langem, verlorenem Grübeln, als draußen der Gesang von Hirten mächtig emporstieg. Die Jahre starben so dahin, aber die Stunde blieb, diese Stunde, die seine alte Welt zerstörte. Und es war doch nur ein Lächeln, das aufblühte auf dem Gesicht einer jungen Frau, die ihr Kind in den Armen wiegte und darüber sang mit leiser, sanfter Stimme. Und es war diese Stimme die Stimme der Mutter daheim, wie ein Windhauch, wenn er die Blätter und Zweige rührt in den Bäumen um des Vaters Haus.

Mehr hat sein Herz nicht angerührt. Und nur in seinem Geschlecht, das aus den wälderdunklen Zeiten bis in diesen Tag hineingewachsen ist, hat sich die Sage erhalten, es sei ein ferner Ahn im Dienste des römischen Kaisers Augustus in einer Nacht geritten vom Ufer des Toten Meeres zu der Stadt Bethlehem, und er habe dort in einem Stall die Mutter und das Kind gesehen, von denen die Welt seit jener Nacht widerhallt und in deren Namen die Welt sich verwandelt hat. Das hat der Legionär Thorstraaten damals nicht gewusst, und es hat ihn später eine Kunde nicht mehr erreichen können, dass das Kind einmal die Päpste und die Kaiser, die Könige und die Ritter und die Bauern, die Reichen und die Armen, die Hochmütigen und die Barmherzigen, die Siegenden und die Untergehenden um seinen Namen versammeln würde, zu Liebe und Hass, zu Anbetung und Fluch, zum Ringen des Göttlichen mit den Dämonen in des Menschen Brust, ein Jahrtausend, zwei Jahrtausende und vielleicht noch alle Zeiten bis ans Ende der Welt. Nein, der Legionär Thorstraaten war nur einer der Wanderer, die lange durch die Nacht der Welt laufen, bis er zu dem Ort fand, wo die große Wahrheit der Welt bewahrt geblieben ist in der Unschuld des Kindes, über das sich das lächelnde Gesicht der Mutter beugt.

 *Weihnachtslegende*
Hans Bethge

Als die Heiligen Drei Könige zum Stall von Bethlehem kamen, fanden sie dort die Hirten vor, die von den Herden herbeigeeilt waren und die Krippe des Jesuskindes mit den schlichten Blumen ihrer Felder umschmückt hatten. Denn köstlichere Gaben besaßen diese Armen nicht.

Als nun die Heiligen Drei Könige ihre reichen Geschenke ausgebreitet hatten, staunten die Hirten über die Kostbarkeiten und sprachen unter sich: »Was sollen unsere armen Blumen noch neben diesen Wunderdingen aus Silber und Gold? Sie werden dem Kinde missfallen. Lasst sie uns entfernen.«

Aber siehe, da schob der Jesusknabe mit dem einen seiner Füßchen die leuchtenden Kostbarkeiten behutsam beiseite, streckte seine kleine Hand nach den Blüten aus und ergriff ein einfaches Gänseblümchen. Er hob es zu seinen Lippen auf und drückte einen Kuss auf seine Blüten-krone.

Seit jener Zeit haben die Gänseblümchen, die bis dahin völlig weiß gewesen waren, am Saume der Blätter ihre Rosenfarbe, die wie ein Schimmer der Morgenröte ist. Sie rührt von jenem Kuss des Gottessohnes her.

Wie die Eulen eine Botin entsandten
Hans Baumann

Als den Eulen, den zahlreichen, die zu Athen dazumal hausten, zu Ohren kam, dass ein Stern aus den Tiefen des Himmels aufgetaucht sei und Könige dazu bewogen habe, eine Wanderung zu tun, zu einem Kinde, so hieß es, das nächstens in einem windigen Stall hinter Bethlehem auf die Welt käme – sparten sie nicht mit schräg zugeworfenen Blicken. Und sie schlugen das Buch auf, in dem alles stand, was sie errechnet. Sie fanden sogleich jene Stelle, wo der fragliche Stern auf Tag und Sekunde eingetragen war mit einer umfänglichen Zahl. Denn von Namen waren sie längst abgekommen. Aus ihren Mienen war ein Bedauern zu lesen. Offenbar war in den Morgenländern die Wissenschaft, die dort einst geblüht, in Verfall.

»Immerhin«, sagt eine geachtete Eule, »haben wir Arabien manches zu verdanken. Wäre zu erwägen, ob wir jenen Weisen nicht einen Wink geben sollten, der ihnen Beschämung erspart.« Und eine jüngere Eule, die der Kraft ihrer Flügel jegliche Ferne zutraute, drängte sich vor. »Schickt mich dorthin«, sagte sie. »Nicht ungefährlich ist es über dem Meer. Doch zum Ruhme der Wahrheit wage ich den Flug.«

Die Älteren musterten traurig das verbrauchte Gefieder der eigenen Flügel. Sie erinnerten sich, dass die jüngere kürzlich durch eine Rede selbst ihre Gegner in Erstaunen versetzt hatte. Und weil die Sache dringlich war – man redete davon, dass die Könige schon dem Libanon nahe seien – gaben sie ihr nur ganz wenige Argumente, unwiderlegliche allerdings, mit und versanken, sich zu Wichtigerem wendend, wieder in sich.

Die Botin flog rasch. Gegen Abend sah sie den Libanon liegen. Schon in der Dämmerung glänzte der Stern auf und war in der Nacht eine Sonne. Mühelos fand die Eule die Weisen. Bei sich dachte sie: Von so ungewöhnlichem Licht ist in unseren Berechnungen doch nicht die Rede ... Und sie sträubte die Federbüschel über den Augen zu einem Schirm gegen den mächtig eindringenden Strahl. Ohne weiteres setzte sie sich dem Schwarzen auf die Schulter und fing an, auf ihn einzureden. Doch der Schwarze – er war von hitzigem Blut und erregte sich, wenn er nicht gleich verstand – wischte die Eule unwillig von seinem Ohr. Melchior gab sich größere Mühe. Ihm war jede Gelegenheit recht, sich in der Tugend zu üben. Aber auch er konnte mit dem, was sie wusste, wenig anfangen. Caspar sagte: »Wir verstehen sonst, was die Vögel untereinander sich sagen. Aber ihr Eulen seid wohl einer Sprache mächtig, die nie-

mand begreift, außer, ihm ist das Ohr einer Eule gegeben.«
Gekränkt sprach die Eule: »Ich rede in Zahlen. Der Beweis
für jede lässt sich erbringen. Offenbar habt ihr von Astro-
nomie keinen Schimmer.« Sie sprach noch lange. Die Weisen blickten im Reiten manchmal zum Stern auf und schüttelten stumm ihre Köpfe. Dann bedeutete Balthasar ihr, sie
möge schweigen oder zuerst den Rost von der Stimme ab-
wischen.

So will ich wenigstens sehen, worauf das hinausläuft,
dachte die Eule und blieb dem Zug auf den Fersen. Als sie
dann sah, wie die Könige nicht einmal merkten, dass sich
Herodes lustig über sie machte, da er sie bat: »Und wenn ihr
im Stall den neugeborenen König gefunden, lasst es mich
wissen. Auch mich gelüstet, die Krone vor die Nüstern des
Esels zu legen ...«, wollte die Eule schon heim: Um die lohnt
es sich nicht. Aber weil sie sich schon so viel Mühe gemacht
hatte und auch ein wenig beunruhigt war durch den Glanz,
flog sie noch mit.

Den Abend darauf ließ der Stern sich nieder auf ein ver-
fallenes Dach. Und dann war ein Gedränge, und nicht nur
von Leibern. Außer den Hirten und Königen musste noch
wer dort sein. Aber die Eule sah die Engel nicht und verspür-
te nur hier und da das Atemholen von Flügeln. Später traf
sie ein Blick. Als sie des Kindes ansichtig wurde, gingen die
Augen ihr auf. Sie flog nicht zurück nach Athen.

Als die Weisen niederknieten, der Gaben vergessend,
suchte sie sich im Gebälk den verschwiegensten Winkel, dass
ihre großen Augen keiner bemerke.

Die drei Gaben

Werner Reiser

Kaum hatten die drei vornehmen Gäste aus dem Morgenland, die gekommen waren, anzubeten und dem Kind ihre Gaben zu bringen, auf höheren Befehl Bethlehem verlassen, nahten sich drei andere Gestalten. Sie kamen ohne Gefolge, unauffällig und unansehnlich. Ihr Gang war schleppend, mühsam setzten sie Schritt vor Schritt. Ihre müden Gesichter waren so sehr vom Staub bedeckt, dass man ihre Farbe kaum erkennen konnte. Waren sie gelb, braun, schwarz oder weiß?

Der erste von ihnen ging in Lumpen einher und schaute hungrig und durstig umher. Hohle Augen, die zu viel Leid gesehen hatten, saßen in den tiefen Höhlen. Der zweite ging vornübergeneigt. Er trug an den Händen Ketten. Vom langen Tragen und von der weiten Reise war er wund gescheuert an Händen und Füßen. Der dritte hatte wirre Haare, verzweifelte Augen und einen unsteten und suchenden Blick, als ob er nach etwas Verlorenem Ausschau hielte.

Die Leute, die um das Haus des Neugeborenen herumstanden, waren schon vielerlei Besucher gewohnt. Dennoch wichen sie scheu zurück, als sie diese drei Gestalten sich nahen sahen. Sie waren zwar selber lauter arme, unvermögende Leute – aber so elend und verwahrlost wie diese drei sah doch keiner von ihnen aus. Sie rückten scheu und unwillig zusammen und es sah aus, als ob sie einen Gürtel um das Haus legen wollten, um die drei am Eintritt zu hindern. Auch sah man, dass die drei nichts mit sich trugen, das sie als Gabe hätten darbringen können. Waren sie etwa gekommen, um etwas zu holen? Mancher dachte an das Gold, das von den eben Weggezogenen im Haus niedergelegt worden war. Jeder hatte davon erzählen hören. Hatten vielleicht auch diese etwas vom Gold vernommen? Immer stärkeres Gemurmel erhob sich gegen die seltsamen Ankömmlinge.

Da wurde von innen die Tür geöffnet. Josef trat heraus. Einige riefen ihm empört zu, dass schlechtes Gesindel zum Kind kommen möchte, was er doch gewiss nicht zulassen könne. Er beschwichtigte sie und sprach: »Zu diesem Kind hat jedermann Zutritt – arm oder reich, elend oder vornehm, anständig oder unanständig, vertrauenswürdig oder verdächtig. Es gehört niemandem allein. Nicht einmal uns, seinen Eltern. Lasst sie herein!« Verwundert über die Worte Josefs bahnte man den dreien eine schmale Gasse.

Er führte sie hinein. Die Tür blieb offen. Wer konnte, drängte sich hinzu, um die seltsame Begegnung von Nahem mitzuerleben. Einigen wenigen wurde bewusst, dass sie vor kurzem ebenso armselig vor das Kind getreten waren. Nun standen die drei vor der Krippe und betrachteten lange und stumm das Kind. Bei diesem Anblick wusste keiner mehr, wer ärmer war: das Kind auf dem Strohlager oder seine Betrachter. Alle schienen in dieselbe Niedrigkeit eingetaucht und eingeschmolzen zu sein – der in den Lumpen, der mit der Kette, der mit dem traurigen Blick und das Kind.

Da brach Josef das Schweigen. Er fühlte, dass er der am reichsten Beschenkte war, und es drängte ihn, seinen Dank für das Empfangene nun auch diese Armseligen spüren zu lassen. In einer Nische der Wand neben der Krippe leuchteten die drei Gaben, welche die vornehmen Besucher hingelegt hatten. Josef nahm sie und hielt sie den Fremden entgegen: dem Zerlumpten das Gold, dem Gefesselten die Myrrhensalbe und dem Traurigen den Weihrauch. Und Josef sprach zum Ersten: »So wie ich es ansehe, bedarfst du am ehesten des Goldes. Kaufe dir damit Nahrung und Kleider. Ich habe einen Beruf und werde meine Familie auch ohne Gold ernähren können.« Und zum Zweiten sprach er: »Ich kann dir zwar deine Ketten nicht abnehmen, aber siehe, diese Salbe wird deinen geschundenen Händen und Füßen wohltun.« Und zum Dritten sprach er: »Nimm diesen Weihrauch. Sein Wohlgeruch wird deine Trauer zwar nicht vertreiben, aber er wird deine Seele erquicken.« Alles geriet in Bewegung. »Er verschenkt, was er an Kostbarem für das Kind erhalten hat!«, flüsterten die Menschen sich zu. Sie konnten angesichts der drei Elenden solche Sorglosigkeit fast nicht verstehen. Grenzte diese Verschwendung nicht an Beraubung des Kindes?

Doch die drei schüttelten einmütig Hände und Köpfe. Der Erste antwortete: »Ich danke dir für dein großes Angebot. Aber sieh mich an! Wer bei mir Gold findet, wird mich sogleich als Dieb verdächtigen. Ich habe für andere Gold aus der Erde gegraben, doch selbst nie besessen. Behalte es für dein Kind. Du wirst es bald brauchen können, und dir wird

man es ohne Misstrauen abnehmen.« Der Zweite antwortete: »Ich habe mich an meine Wunden gewöhnt. Ich bin an
ihnen zäh und stark geworden. Behalte die Myrrhe für dein
Kind. Wenn es geschundene Hände und Füße haben wird,
kann sie ihm helfen.« Der Dritte antwortete: »Ich komme
aus der Welt der Religionen und Philosophien. Ich bin an
ihnen irre geworden. Ich glaube nichts mehr. In der Wüste
des Denkens habe ich Gott verloren. Was soll mir da der
Weihrauch? Er würde nur meine Zweifel umnebeln. In seinem blauen religiösen Dunst würde er mir nur leere Bilder
vorgaukeln. Er könnte mir Gott nicht ersetzen.« Alle ent-
setzten sich über diese Worte und über das Zurückweisen
der Geschenke. Auch Maria und Josef bedeckten ihre Gesichter mit den Händen.

Nur das Kind lag da, mit unbedeckten, offenen Augen.
Die drei traten ganz nahe zu ihm hin und sprachen: »Du bist
nicht aus der Welt des Goldes, der Myrrhe und des Weih-
rauchs – so wenig wie wir. Du gehörst in unsere Welt der
Not, der Plage und des Zweifels. Darum bringen wir dir dar,
was uns und dir gemeinsam ist.« Der Erste nahm einige seiner Lumpen und legte sie auf das Stroh. Und er sprach:
»Nimm meine Lumpen. Du wirst sie einst tragen, wenn sie
dir deine Kleider nehmen und du allein und nackt sein wirst.
Gedenke dann meiner.« Der Zweite nahm eine seiner Ketten
und legte sie neben die Hand des Kindes. »Nimm meine Fesseln. Sie werden dir passen, wenn du älter sein wirst. Man
wird sie dir einst umlegen, wenn man dich wegführt. Denke
dann an mich.« Der Dritte beugte sich tief über das Kind

und sprach: »Nimm meinen Zweifel und meine Gottverlassenheit. Ich habe sonst nichts. Ich kann sie allein nicht tragen. Sie sind mir zu schwer. Teile sie mit mir. Nimm sie ganz in dich auf, schreie sie aus und trage sie vor Gott hin, wenn du soweit sein wirst.«

Tief erschrocken hielt Maria die Hände abwehrend über das Kind. Lautes Gemurmel drang durch das Haus und durch die Tür: »Jagt sie fort! Sie legen einen Fluch auf das Kind!« Josef griff in die Krippe, um Lumpen und Fesseln von ihm wegzunehmen. Aber sie ließen sich nicht aufheben. Es war, als ob sie mit dem Kind verwachsen wären. Das Kind aber lag da, mit offenen Augen und Ohren zu den drei Männern hingewendet. Nach langem Schweigen erhoben sie sich. Sie streckten sich aus, als ob etwas Schweres von ihnen gefallen wäre.

Sie hatten den Ort gefunden, wo sie ihre Last hatten niederlegen können. Sie wussten, dass bei dem Kind alles in treuen Händen bewahrt und bis zuletzt hindurchgehalten würde: die Not, die Plage und die Gottverlassenheit. Mit zuversichtlichem Blick und festem Schritt traten sie aus dem Haus, hinaus in ihr begrenztes und mitgetragenes Elend.

Die vertauschten Stäbe
Werner Reiser

Ein König, der alles hatte, was sich ein Herrscher wünschen und erwerben kann, fühlte sich müde und allein. So viele Jahre hatte er die Krone nach außen vertreten, hatte verhandelt und gekämpft und sich dabei den Menschen entfremdet. Er besaß Wissen und Erfahrung und war allen überlegen. Vor lauter wichtigen Dingen sah er nicht mehr, was um ihn geschah, er spürte nur, dass er in seiner Würde immer einsamer wurde.

Eines Tages erinnerte er sich, dass er von drei Königen Kunde bekommen hatte, die einem Stern gefolgt waren und an einem abgelegenen Ort einen kindlichen König gefunden hatten, der ihr Leben völlig verändert hatte. Er entschloss sich, auch dorthin zu gehen. Vielleicht würde er dort finden, was ihm Reichtum und Würde versagten. Er sagte niemandem ein Wort, legte alle Zeichen seiner Stellung ab und machte sich heimlich auf den Weg. Er nahm nur seinen Stab mit sich, der ihm am liebsten war. Er war aus edlem Holz gefertigt und mit vielen goldüberzogenen Figuren verziert, die seine Kämpfe und Siege darstellten. Er bestrich ihn unterwegs mit Erde und Asche, damit er seinen Träger nicht verriete.

Nachdem er am Ort angekommen war, der ihm aus der Kunde der drei Könige bezeichnet worden war, stand er vor einer armseligen Hütte. Er stieß die Holztür auf, die nur angelehnt war, damit auch ein Schwacher sie öffnen könnte, und trat ein. Er blickte um sich. Niemand war da. Nichts war da. Nur eine Krippe stand da, sie war leer. Der Boden unter ihr war von vielen Füßen zertreten. Nachdem sich seine Augen an das Dunkel gewöhnt hatten, gewahrte er einen alten Hirten, der vor der Krippe kniete und in seine Gedanken und Träume versponnen schien. Sein Stab lag neben ihm auf der Erde. Er bemerkte den Eingetretenen nicht. Seine Augen waren weit offen und schauten dahin, wo etwas anderes zu sehen war. Von der seltsamen Kraft dieser Andacht betroffen, blieb der König regungslos stehen. Er betrachtete lange die Krippe, in der einst der kindliche König gelegen hatte. Ihre Leere begann wie ein Sog auf ihn zu wirken und holte aus dem Verborgenen seines Herzens empor, was ihn seit langem bewegt und unruhig gemacht hatte. Seine Herrscherkraft und seine Menschenscheu, seine Würde und seine Einsamkeit, sein Amt und seine Müdigkeit stiegen in ihm hoch, fielen von ihm ab und sanken in die Krippe, dorthin, wo der versunkene Blick des alten Hirten ruhte.

Ein leiser Wind strich durch die Hütte, und es war, als ob er in einem sanften Wirbel die Nöte des Königs und die Andacht des Hirten vermischte. Beider Herzen füllten sich mit dem, was in der Krippe lag. In die Augen des Hirten kam ein wissender Glanz und in die Augen des Königs ein milder Schein. Der Hirte erkannte plötzlich die Größe der Verantwortung und die Not der Macht, die hinter dem Unbekannten aufstiegen, und der König spürte die Tiefe und Güte des Friedens, der vom Knienden ausging. Erschrocken schauten sie einander an. Der König ließ seinen Stab aus der Hand fallen, kniete neben dem Hirten nieder, umarmte ihn und wurde von ihm umarmt. Lange verharrten sie schweigend nebeneinander, jeder spürte die Nähe des andern. Dann erhoben sie sich, nahmen ihre Stäbe, verließen die Hütte, und jeder ging nachdenklich seines Weges.

Erst nach einiger Zeit merkte der König, dass sein Stab anders in der Hand lag als sonst. Er schaute ihn an und sah, dass er den Stab des Hirten mit sich genommen hatte. Er stützte sich kräftig auf ihn und wanderte mit wachen Augen durch sein Land. Zum ersten Mal sah er, wie die Menschen lebten, litten, arbeiteten und miteinander umgingen. Er ließ den Stab auch nicht aus der Hand, als er wieder zu Hause war und den Geschäften seines Amtes nachging. Alle verwunderten sich über den unköniglichen Gegenstand und wollten ihm etwas Würdigeres aufdrängen. Er aber lächelte nur und sagte: »Mein Stab ist in rechten Händen, und der Stab in meiner Hand ist der rechte Stab. Es genügt, dass irgendwo jemand ist, der an mich denkt und Königliches sinnt, wie es genügt, dass ich weiß, für welche Menschen ich königlicher Hirte bin.« Er herrschte friedlich über sein Volk und dankte dem Geheimnis der Hütte, das diesen Tausch zustande gebracht hatte.

Der König Nicanor
Dietrich Steinwede

Ja, es sind *vier* Könige, die im Osten aufbrechen, im Westen das Kind zu suchen, das ein Weltenherrscher sein soll, das Königskind. Endlich ist erfüllt, was ersehnt wurde seit vielen hundert Jahren. Hirten sind in die Stadt Babylon gekommen im Osten. Sie haben von dem neuen Stern erzählt, von seiner Botschaft: »Ein neuer König ist geboren, ein Prophet im Westen. Der wird die Bedrückten aufrichten. Die rauen Wege wird er ebnen. Für die Schwachen wird er dasein. Unrecht soll nicht mehr Unrecht sein.«

Da brechen sie auf, die vier Könige in Babylon, als sie das hören. Sie kommen, den neuen König zu suchen. Sie kommen mit reichen Geschenken: mit glänzendem Gold, mit duftendem Weihrauch, mit kostbarer Myrrhe. Ein Stern leuchtet ihnen. Sie folgen ihm durch die Wüste. Sie folgen ihm durch wildes Gebirge. Sie wollen nach Westen zum Königskind.

Sie erreichen Jerusalem. Sie finden das Kind in Bethlehem. Sie fallen nieder. Sie beten es an, das Kind. Sie bringen ihm ihre Schätze. Aber einer ist nicht dabei, Nicanor, der vierte König. Warum? Seine Sehnsucht, den Weltenretter zu finden, ist die größte. Aber sein Pferd verliert ein Eisen, schon in Babylon. Der Schmied beschlägt es. Doch es dauert lange. Als er aufbricht, der vierte König, da sind die andern längst davon. Und es ist Nacht. Nicanor schlägt sein Lager auf. Er sitzt vor dem Zelt. Am nächtlichen Himmel der Stern. Still steht er da. Er leuchtet.

Doch da, was ist das? Aus dem Dunkel tauchen Gestalten auf, mager, zerlumpt, hungrig. Immer mehr werden es: »Brot!«, schreien sie, »Hunger!« »Bringt Brot aus dem Reisevorrat!« Nicanor befiehlt es. Die Diener bringen Brot. Nicanor nimmt es. Er bricht es. Er teilt es aus. Und die Hungrigen nehmen und essen. Nicanor schickt zurück zur Stadt: »Holt mehr Brot! Schafft es mit Lasttieren heran!« So geschieht es. Und die Hungrigen werden satt. Auch am nächsten Morgen noch. Sie essen. Sie werden satt. Dann zieht Nicanor weiter. Er denkt: Auch der, der kommen soll, er will für die Schwachen da sein. Er will den Elenden helfen. Nicanor reitet.

Und dann geschieht es: Hier ein Bettler am Weg. Nicanor hilft. Dort ein Lahmer. Nicanor hilft ihm auf. Dort eine alte Frau mit schwerer Last. Nicanor stützt sie. Dort ein Schwacher in großer Not. Nicanor hilft ihm heraus. Ein weinendes Kind. Nicanor tröstet. Eine Mutter, die nicht mehr aus noch ein weiß – ihr Mann ist gestorben. Nicanor gibt Geld für ihr Kind, es durchzubringen.

Sie lagern an seinem Weg: Notleidende, Fragende, Suchende, Hoffende. Nicanor ist für sie da. Nicanor kommt durch fremde Länder. Krieg wütet. Blut bedeckt die Erde. Nicanor hilft, wo er kann. Dann geht er auf die Galeere. Für einen Galeerensträfling. Er lässt sich in Ketten legen. Er rudert und rudert, viele Jahre, Jahrzehnte ...

Leuchtet ihm noch der Stern? Findet er noch seinen Weg? Seine Hände sind voller Schwielen. Sein Herz ist voller Liebe.

Dann lässt man ihn frei. Kunde erreicht ihn von einem Propheten, der Arme um sich sammelte, Kranke, Verlorene, der ihnen Botschaft sagte von Gott. Dann, nach dreißig Jahren, kommt Nicanor nach Jerusalem, kein König mehr, ein Bettler. Auf dem Berge über der Stadt rastet er. Er schaut hinunter. Kunde erreicht ihn: Zwei Verbrecher sollen gekreuzigt werden, dazu ein Dritter, der von sich sagt, er sei ein König. Ein Mann erzählt ihm: »Der Dritte ist von Gott. Wunderbares geschah bei seiner Geburt. Drei Könige kamen ...« –

»Ich kenne die drei!« Nicanor unterbricht ihn. »Wollte dieser Dritte nicht für die Schwachen da sein, die Bedrückten aufrichten, Unrecht wieder gutmachen?« – »Ja«, spricht der Mann: »Der ist es. Der soll sterben!«

Am Abend dieses Tages ist Nicanor in der Stadt. Er geht hinauf zu einem Hügel: Golgata. Drei Kreuze. Drei Menschen an den Kreuzen. Zwei sind tot. Aber der Dritte in der Mitte, er bittet um einen Trank. Man reicht ihm den Trank: Essig im Schwamm auf einer Stange.

Nicanor fällt in die Knie: »Ich sehe dich. Du bist es, den ich suchte. Du bist der König, der Retter.«

Nicanors Herz wird still, ganz still ... Und dann ein Schrei. Der am Kreuz in der Mitte, er ist tot.

Noch einmal leuchtet der Stern auf. Dann ist er erloschen.

Nach einer russischen Legende

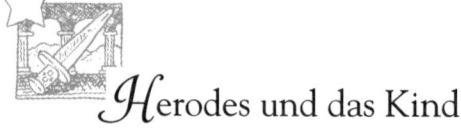

Herodes und das Kind

Bethlehemitische Legende

Christine Busta

Nur langsam gewöhnte er sich wieder an die dunkle Stille der Nacht im Stall. Erloschen war das Lächeln der sanften Frau, der Schimmer des holden Kindes und der warme Schein aus der Laterne des fürsorglichen Mannes, verhallt der Hufschlag des vertraut gewordenen Gefährten, verstummt das wunderbare Singen in den Lüften, vergangen der Schafsgeruch der frohbewegten Hirten, entschwunden der fremde Duft der feierlichen Herren. Geblieben war die alte Verlassenheit der Kreatur und eine wache Trauer, die nicht mehr heimfand in den dumpfen Schlaf. Im Stroh pfiff wiederum eine Maus, und durch die Ritzen der Wände zwängte sich kalt die Angst. Dann schlugen jäh die Hunde an im Städtchen, und Fackelschein sprang bös von Haus zu Haus, und Äxte dröhnten splitternd an die Tore, und harte Schritte klirrten durch die Gassen, und Schreie gellten irre, nie gehörte, Flucht und Verfolgung wälzte sich vorüber, gurgelnde Laute klatschten auf das Pflaster, verröchelten, und wie der Lärm entsprungen, verrann er plötzlich wieder in die Häuser und sickerte als unstillbares Wimmern in die erstarrte Finsternis.

Vergeblich hatte der Ochse an seiner Kette gezerrt, bis er zusammenbrach und seine jochgewohnte Stirn ans Holz der leeren Krippe stieß, an der in den vergangenen Nächten sein Atem frei geworden war zu dieser Wohltat und innigerem Dienste aus Leidverbundenheit der Kreatur. Und von dem harten Anprall drang ihm ein nie gefühlter Schmerz in seine Ohnmacht, dass seine Tierheit sich löste und mit einem neuen Wesen erfüllte und er sich wiederum erhob mit einem Brüllen, davon die Tür des Stalles von selber aufsprang und die Schmach der Kette von seinem Halse glitt wie eine lahme Schlange, die ihn für immer freigab. Er brüllte noch, als er, der schrecklichen Witterung folgend, die Gassen hinlief zu den ersten Häusern, vor denen sich der Dunst des Unheils verdichtete.

Die Frauen hatten schon von weitem die herzerschütternde Stimme vernommen, aus der nicht mehr ein Tier, aus der die eigene Klage nach einem Sinn des heillos Unbegreiflichen zu den verheißenen Himmeln schrie, und sie ließen lauschend ab von ihrem Wimmern, als könnten sie erschöpft den Wehlaut ihres Schmerzes nun einem Stärkeren anvertrauen. Die Männer befürchteten nur neue Schrecknis und suchten knirschend nach dunkleren Verstecken für die zitternden Häuflein der verschont gebliebenen älteren Kinder und nach irgendeiner Wehr der Waffenlosen gegen erneuten Überfall. Sie konnten die Mütter nicht mehr halten, deren Verzweiflung schon jenseits der Furcht war und aus allen Türen drängte, den Eingang mit ihrem Leib zu decken, an den sie noch immer die kleinen Leichen ihrer Erstgemordeten pressten, als wären sie noch einmal mit ihnen geheimnisvoll verbunden für eine andere Geburt.

So warteten sie schon, gelehnt an die erbrochenen Häuser und unberührbar geworden den eigenen Männern, auf die Ankunft des Brüllenden, der riesig heranstob und jäh verstummend vor der Jüngsten innehielt, sich sammelnd in einem Blick voll unermesslicher Trauer und Sanftmut, aus deren Grunde ein dunkler Trost hervorbrach, den keine irdische Liebe erschlossen hatte und den auch kein Schrecken dieser Welt wieder verschütten konnte. Mit einer Gebärde kindlichen Vertrauens begann die Frau ihr Brusttuch aufzuknoten und zeigte dem Tier ein zartbeflaumtes Köpfchen, das grässlich baumelnd an einem durchschnittenen Hälschen herabhing. Da schob der Ochse behutsam sein schöngehörntes Haupt über den Säugling und schnob die Wärme seines Atems über den starr gewordenen Leib, und der Mutter war, es schlösse sich die klaffende Wunde und das Köpfchen ducke sich mit einem kleinen Schlaflaut enger an ihre Brust, und sie bedeckte das Kindlein rasch, dass es nicht wieder friere, und sagte nichts und folgte nur dem unverhofften Helfer, der nun von einer Frau zur anderen schritt und jede ansah. Und eine nach der anderen wies ihm die kalten, entstellten Kindlein, und er wärmte sie und machte sie vor den Augen der Mütter wieder schön und wandelte den Tod in süßen Schlaf.

Straßauf, straßab folgte der stumme Zug der Mütter dem wunderbaren Tier, und immer neue kamen hinzu, verwirrten Haars und bleichen Angesichts. Man sah sie ziehn wie nach geheimen Opferriten, jedoch die Neugier bewahrte Abstand, und es schloss sich keine an, die nicht ein streng verhülltes Bündel durch die Nacht trug. Zuletzt verließ der Zug die Stadt auf einem Wege, der zu den Hügeln hin anstieg, und die Männer achteten ruhlos auf jedes Geräusch, das sich entfernte oder näher kam, und wunderten sich sehr, dass die verstörten Kinder mit einem Male so friedlich eingeschlafen waren und immer wieder im Traum die Namen der toten Kleinen wie in heiteren Spielen riefen.

Im Morgengrauen kehrten die Frauen endlich zurück, beinahe wie Fremde, schweigsam, erschöpft, mit Armen, die ihrer Bürde ledig waren, doch schienen sie seltsam getröstet, und niemand wagte, sie zu belästigen mit Fragen.

Erst am nächsten Tage begannen sie von selber zu erzählen, ein wenig stockend zwar und, wie es schien, fast widerwillig und gar nicht nach gewohnter Frauenart. Es klang jedoch sehr wirr, und die besorgten Männer hatten zunächst nicht allzu viel Vertrauen zu ihren Berichten, ließen sie aber nach dem Recht des Kummers in ihrem wilden Gestammel gewähren und widersprachen nicht, trotz aller Zweifel, dass ihre Kindlein wiederum lebendig und heil gewesen seien und dem Ochsen auf jenem Hügel die Hörner in überirdischem Licht zu strahlen begonnen hätten und er mit seinem Maul den Großen Wagen an der Sternendeichsel zur Erde herabgezogen habe, worauf ihm ein Engel entstiegen sei, um ihre Kindlein als Zeugen des Messias für immer feindlicher Nachstellung zu entrücken, und dass schließlich Ochs und Engel den Wagen mit den geretteten Kleinen zum Himmel entführt hätten.

Dies alles gewann erst an Bedeutung durch eine Kunde, die bald darauf flüsternd die Stadt durchlief. Die Hirten von den umliegenden Weiden wollten in jener Nacht über dem Himmel einen goldenen Wagen, feuriger als jenen des Elias, fahren gesehen haben, der angefüllt schien mit Gezwitscher und Gelächter von vielen Kinderstimmen. Und der geizige Herbergswirt zeterte tagelang über den entsprungenen Ochsen, der spurlos verschwunden blieb wie jenes verdächtige Paar, das ohne Dank und Abschied zur selben Nacht mit Kind und Esel verzogen war. Vorlaute Knechte des Herodes schwatzten zudem in einigen Schenken, es leide der König seit jener Nacht an schlimmen Träumen von einem flammenschnaubenden Flügelwesen mit gehörntem Haupte, denen zufolge er sich schon seit Tagen sogar des reinen Fleisches der Rinder enthalte, weil es nach Feuer schmecke und den Schlund verbrenne.

Aber je dichter die Gerüchte landum schwirrten, desto weniger wurde in den Häusern der Leidbetroffenen davon geredet. Sie schlossen sich in wortloser Übereinkunft zusammen zu einer Gemeinschaft erwartungsvollen Glaubens, der sein Geheimnis wahrte und einging in die staunenden Legenden von der Geduld und Kraft des schwergeprüften Volkes. Und lange hielt sich ein sonderbares Wort im Munde der Viehhändler des Landes: Sie sagten, wenn sie die Schönheit und Güte eines Rindes besonders preisen wollten, es habe Augen und Art wie jene Frauen zu Bethlehem.

Wie Herodes Einhalt geboten wurde
Hans Baumann

Als die drei Weisen Herodes zum zweiten Mal aufsuchen wollten, trat zu ihnen ein Engel und sprach: »Sucht einen anderen Weg für die Heimkehr! Der Mann, der euch nahe legte: Kommt wieder!, der möchte seine Krone aufbehalten, und an die Krippe will er treten mit bloßem Schwert.« Dunkler wurde der schwarze König Caspar, Blitze brachen aus seinen Augen, er rief: »Mit meinem Schwert will ich ihm das Schwert aus der Hand schlagen!« Aber da kam es ihm, dass sie waffenlos aufgebrochen waren zu ihrem Zug. »Ohne Waffe werde ich ihn niederwerfen!«, rief Melchior. »Mich hat noch keiner besiegt.« »Dein Gedächtnis ist kurz«, erinnerte ihn der Engel. »Sind nicht im Lehm vor der Krippe auch von dir zwei kleine Mulden geblieben, weil dort vor allem deine Knie wichtig waren?« Balthasar schwieg, doch war zu bemerken, dass er mit sich rang. Da sprach der Engel: »Dem Kinde wird nichts geschehen. Sicher wird es der Esel hintragen ins Ägyptenland.« Und er erhob sich hinweg und ließ die drei Könige ziehen.

Nun aber kamen den Weisen auf ihrem Heimweg die Nachrichten zu, die ihre Sorge vermehrten. Überall wurde erzählt, dass Herodes alle Knaben unter zwei Jahren habe umbringen lassen. Die Soldaten, die das getan, seien beim Anblick des unschuldigen Blutes in Felsen verwandelt worden – bis auf den Hauptmann; der habe Herodes Bericht gegeben. Aber Herodes habe dem Hauptmann das Schwert aus den Händen genommen. Da versammelten sich die drei Weisen zu heimlichem Rat. Balthasar sprach nun: »Eines Herodes Eifer weiß nichts von Grenzen. Solche wie der haben Witterung wilder Tiere. Man muss befürchten, dass ihm der böse Geist, der über ihn Macht hat, eingibt, der Spur des Kindes zu folgen. Solche sind rasch.« Melchior war dafür, Bewaffnete anzuwerben, um Herodes dort aufzuhalten, wo sein Land aufhört. Balthasar aber sagte: »Ist uns nicht Macht über Erde und Wasser, Luft und Feuer gegeben? Lasst uns die Elemente gegen Herodes aufbringen!«

Und da die beiden andern mit ihm eines Sinnes wurden, redete Balthasar mit der Erde: »Wo immer des Herodes Schritte dich treffen, öffne dich, Erde, verschlinge ihn mitsamt seinem Schwert!« Redete mit dem Wasser und sagte: »Wo immer Herodes Schiff dich befährt, öffne dich, Fluss oder Meer, verschlinge ihn mitsamt seinem Schwert!« Redete auch mit der Luft und dem Feuer und sagte: »Seid eine Mauer und seid Herodes im Weg! Dass er sich in euch verrenne samt seinem Schwert!« Jeder der drei Weisen sprach die Beschwörung. Und sie wurden derart davon ergriffen, dass sie außer sich gerieten. Und die Fernen öffneten sich ihren Blicken. Sie konnten sehen, was da mit Herodes geschah. Er verfolgte das Kind und hielt das Schwert in der Hand. Da ihn ein böser Geist trieb, konnte er nicht ermüden. Er war rascher als der Esel, der das Kind trug. Und die Erde wehrte sich nicht gegen seine Schritte. Als er sich über den Fluss setzen ließ, ertrug ihn der Fluss. Weder Luft noch Feuer waren gegen Herodes.

Da erfasste die Weisen tiefe Bestürzung. Und sie klagten: »Hören Erde, Wasser, Feuer und Luft nicht mehr unseren Ruf? Wer soll die überwinden, die da kommen mit bloßem Schwert? Wo ist eine Macht, mächtiger als Gewalt?« Sie verstummten und überließen sich der Betrübnis. Immer näher kam Herodes dem Kind. Und schon wollten die Weisen ihre Blicke abwenden.

Da erhob sich ein Rauschen zu ihren Häupten: ein Vogelschwarm, der auf dem Weg war nach Süden. Und der Schwarm tauchte ein ins Gewölk, das den Himmel über Herodes verdeckte. Von den eifrigen Flügeln wurden die Wolken geweckt, und sie ließen das Dunkle aus sich heraus. Weiß kam es nieder, Flocke um Flocke. Dichte Schleier deckten Felder und Wege. Und nun suchte Herodes vergebens nach Spuren. Wohin er seine Blicke auch sandte, sie trafen nichts außer blendendem Weiß. Aus seinen Blicken wurden unruhige Schatten. Seine Schritte versanken im Schwerelosen, das zwischen ihm und dem Kinde unmerklich wuchs. Vor dem Esel aber taute der Schnee wie vor einer Sonne.

Da erwachten die Weisen. Ernüchtert sahen sie, dass auch auf ihren Händen Schnee lag. Es zerging in ihrem Atem Flocke um Flocke.

Nach Ägypten

Einer der Hirten
Irmgard Wolf

Als der Engel den Hirten auf dem Felde erschien und ihnen die Botschaft verkündete, fielen sie auf ihr Angesicht nieder und waren geblendet von seinem überirdischen Glanz. Nur einer von ihnen blieb stehen und sah die himmlische Herrlichkeit, ohne dass sein Herz sich an ihr entzündete. Er bot gleichsam dem Wunder der Erscheinung die Stirn und widerstrebenden Geist, so dass die Worte des Engels auf keinen bereiten Grund fielen. Weder berührte ihn der Friede, den der Engel allen jenen verkündete, die guten Willens sind, noch erreichte ihn die Botschaft, Christus der Herr sei in dieser Nacht geboren in der Stadt Davids. Er wollte nicht gerufen werden und erweckte in sich nicht die Prophezeiungen, die auf Jesus hingewiesen hatten und die ein jeder aus dem Volke Israel mit sich trug.

Als der Engel von dem Kinde sprach, das in Windeln gewickelt in einer Krippe lag, verschloss der Hirte sich vollends und dachte höhnisch, es könne wohl nicht viel Gutes von einem ärmlichen Stall ausgehen, aus dem kümmerlichen Alltag der Hirten und Herden, den er allzu gut kannte. Das

Halleluja der begleitenden himmlischen Heerscharen fand keinen Widerhall in seinem Herzen, und als sich die anderen aufrichteten, benommen von der Erscheinung und bereit, ihren Worten zu folgen, wandte er sich ab. Er sah, wie sie die Schafe in den Pferch trieben. Aber er beteiligte sich nicht daran, sondern blieb abseits stehen.

Die Hirten, welche die Tiere versorgten und untereinander eilig beratschlagten, was für den Weg nach Bethlehem mitzunehmen, welche Geschenke dem Kind darzubieten seien, achteten seiner zunächst nicht und mochten glauben, er sei noch zu befangen von dem Erlebten. Aber als sie sich auf den Weg machten, der eine mit einem jungen Lamm auf den Schultern, der andere mit bescheidenem Essensvorrat im zusammengebundenen Tuch, merkten sie, dass er zurückblieb. Sie riefen ihn an, doch seinerseits das Nötigste zusammenzuraffen und mitzukommen. Aber er wehrte ab und blieb zurück, obwohl sich auch jetzt noch der oder jener nach ihm umwandte und ihn aufforderte.

So verharrte er allein in der dunklen Nacht, und sein Herz erfüllte sich mehr und mehr mit Abwehr gegen das Erlebte. Er wies die Worte, die ihm wieder in den Sinn kamen, aus seinem Gedächtnis weg. Er wollte sie nicht in Verbindung bringen mit den Weissagungen, die ihm mit dem überlieferten Glauben überkommen waren. Dunkel ahnte er zwar, dass in dieser Nacht eine Zeit zu Ende ging und eine neue begann, und dass diese neue Zeit ihn fordern werde. Er hätte das alles jedoch nicht aussprechen können, sondern war nur dumpf erfüllt von seinem Nichtwollen. So verbrachte er die

Nacht allein auf dem Felde, nur dann und wann berührt von dem warmen Hauch, der vom Pferch herüberkam, und von dem Laut der Tiere.

In der Frühe des folgenden Tages kamen die Hirten zurück von Bethlehem. Sie fanden ihn und wollten ihm berichten, wie sich die Botschaft des Engels vor ihren Augen erfüllt hatte. Es drängte sie, von dem Kind zu sprechen, das in der Krippe gelegen hatte, von der Mutter, die es versorgte, von dem alten Mann, der sie eingelassen hatte und ihnen das Kind wies, welches sie kniend verehrten. Er ließ sie reden und gab ihnen keine Antwort. Da wandten sie sich von ihm ab und sprachen untereinander. Aber auch in diesen Reden war nichts als das Wunder der vergangenen Nacht, und er ertrug es nicht mehr, mit ihnen zu sein, auf deren Gesichtern noch immer ein Abglanz von der Erscheinung des Engels lag. So ging er abseits und packte sein Bündel und verließ die Männer, mit denen er bislang die Schafe gehütet hatte. Einen Augenblick glaubten sie, er werde nun doch noch nach Bethlehem gehen und auch das Kind in der Krippe suchen, und wollten ihm den Weg weisen. Aber er wehrte sie verschlossenen Gesichtes ab und ging in der entgegengesetzten Richtung davon.

Er hatte im Sinn, sich einen neuen Dienst zu suchen und sich so weit als möglich von den Feldern zu entfernen, auf denen die Erscheinung stattgefunden hatte. In der Tat bot sich ihm hier und dort etwas an, das ihm wohl gepasst hätte. Doch es drängte ihn, immer noch mehr und mehr Schritte und endlich Tagereisen zwischen sich und dem Feld, oberhalb von Bethlehem, zu legen. Und so versagte er sich den Gelegenheiten, bis sie seltener wurden, je karger die Landschaft war. Zuweilen regte sich in ihm wohl der Gedanke, zurückzukehren, und es kamen ihm Zweifel auf, ob er recht gehandelt habe, in der Stunde dumpfer Abwehr sich abzukehren von allem bisher gewohntem Leben.

Während er so von Zweifeln mehr und mehr ergriffen wurde, begegnete ihm noch einmal das Angebot eines Dienstes. Es war in einer Wüstengegend, welche er zu durchqueren beabsichtigte, um wieder in bewohnte Landschaften und damit zu Feldern und Herden zu gelangen, als ihm drei Reiter erschienen, die auf Kamelen kamen, welche schön geschirrt waren. Die Männer, deren einer von schwarzer Hautfarbe war, trugen reiche Kleidung und hatten auch Lastkamele bei sich, welche hohe Packen mit offenbar kostbaren Waren trugen. Sie winkten ihn heran, und der Hirte folgte ihren Handzeichen, wie er es seit je gewohnt war, Herren Folge zu leisten.

Der vorderste der Männer, welcher sehr alt zu sein schien, stützte die Hand auf den Kamelsattel und beugte sich ein wenig herab und fragte den Hirten, wohin er des Weges ziehe, und ob es weit sei bis zu den nächsten menschlichen Wohnungen. Der wies mit der Hand in die Richtung, aus der er gekommen war, und gab seine Auskunft. Ob er sie dorthin führen könne, fragte der alte Reisende, und dann auch vielleicht weiterhin als Diener mit ihnen gehen wolle. Es solle an guter Belohnung nicht fehlen. Ihre Reise führe nach dem Lande Juda, wo sie den neugeborenen König zu suchen und zu verehren gedächten, auf welchem Wege ihnen bisher ein Stern vorausgegangen. Der Hirte starrte wortlos zu dem alten Mann auf dem Reittier empor und zu den Gesichtern der anderen Männer, die ihn begleiteten. Und er erkannte in ihnen einen Zug, der jenem glich, den die Hirten aus dem Stall von Bethlehem mitgebracht hatten. Da schüttelte er trotzig den Kopf und versagte sich, den Dienst anzunehmen, und ließ die drei Männer mit ihren Kamelen weiterziehen, indes er Schritt für Schritt seinen Weg weiterging, obgleich er ihm langsam beschwerlich wurde.

Es fügte sich aber, dass er auch jenseits des öden Landstreifens keinen Dienst mehr für sich fand. Die Wege dehnten sich endlos unter seinen Füßen. Seine Schuhe zerrissen langsam, und sein Mantel wurde fadenscheinig. Weder in den Städten, die er auf seiner Wanderung berührte, noch auf dem Lande wollten ihn die Menschen in Dienst nehmen, und zuletzt war er so gleichgültig, dass er sie kaum noch darum anging. Es genügte ihm, wenn ihm da und dort ein Stück Brot gereicht wurde. Er wurde zu einem wandernden Bettler, der seine Straße weiterging, von der er nichts anderes wusste, als dass sie weit fortführte von der Nacht der Verkündigung. Wenn er noch daran dachte, so geschah das auf eine seltsame Weise. Die Abwehr, die ihn weggetrieben hatte, zerbröckelte langsam wie der Sand unter den Füßen und gab einer tiefen Gleichgültigkeit Raum. Er dachte nicht mehr an das Kind, dem er sich hätte beugen sollen, er vergaß, dass ihm die Ahnung von etwas Neuem und Forderndem aufgestiegen war, das ihn in jener Nacht ergreifen wollte. Nur eines vergaß er nicht, das Wort »Frieden«, das der Engel auf dem Felde gesprochen hatte. Er dachte es nicht. Aber es erfüllte ihn als eine Sehnsucht, die größer war als alle Abwehr, die er in sich getragen hatte. Dieses Wort war es, das nun seine Füße lenkte in der Hoffnung, dass er nicht einen Dienst, sondern eine Stätte fände, an der er ausruhen könne. Aber es sollte noch lange dauern, bis er sie fand.

Als die Schuhe ihm von den Füßen fielen und das Gewand nicht mehr ausreichte, ihn gegen die Kühle der Nacht zu schützen, als der Hunger ihn taumeln machte, kam er an eine Hütte, darin ein alter Mann, eine Frau und ein sehr kleines Kind wohnten. Von ihnen erfuhr er, dass er bis ins Land Ägypten gewandert sei, das auch sie vor kurzem erreicht hatten, eilig auf einem Esel reitend. Sie boten ihm an, zu bleiben, und, wenn er sich gekräftigt habe, um bescheidene Kost und ein Unterkommen im Stall bei ihnen Dienst zu tun.

Der Mann, der einmal ein Hirte auf den Feldern von Bethlehem gewesen war, blieb bei ihnen und diente. Er wunderte sich zuweilen, warum es ihn nicht mehr verlangte weiterzugehen, obwohl der alte Mann und die Frau den gleichen Ausdruck in ihren Zügen trugen, den er bei den Männern auf dem Felde und bei den drei Kamelreitern in der Wüste gesehen hatte.

Bachstelze und Kreuzspinne
Jakob Streit

Herodes hatte längst bemerkt, dass ihm das rechte Kind entgangen war; deshalb schickte er seine Kriegsknechte immer wieder in die Lande, nach ihm zu forschen. Bis in die Wüste kamen sie. Der Schritt von Josef und die Eselsfüße hinterließen im Sand eine deutliche Wegspur. Die Herodesknechte stießen darauf; einer rief: »Schaut hier im Sande! Das ist die Spur eines Mannes, und neben ihm ging ein Esel. Dessen Hufe sind ganz tief eingedrückt; sicher sitzt die Mutter darauf mit ihrem Knaben, die können nicht mehr weit sein!« Die Soldaten trieben ihre Pferde zu schnellerem Laufe an.

Da flog hinter Josef und Maria eine Bachstelze zu Boden. Mit leichtem Schwanz wischte sie den Sandweg zu, so dass die Zeichen von Schritt und Tritt verschwanden. Deshalb verloren die Herodesknechte jede Richtung der Fliehenden. Und sie fluchten über den Wind, der die Spur verweht habe.

Gegen Abend entdeckte Josef eine Höhle, die sich in einem Felsen der Wüste vor ihnen aufschloss. Sie begaben sich in das Innere, um hier die Nacht zu verbringen. Es war noch nicht finster. Kaum war die Familie eingetreten, als außen am Felsen eine Spinne aus einer Spalte krabbelte und über den Eingang der Höhle ein Netz zu weben begann. Auf und ab, kreuz und quer zog sie ihre Fäden. Als sie das zarte Werk vollendet hatte, setzte sie sich in die Mitte des Gewebes.

Plötzlich ließ sich in der Nähe Pferdegetrappel vernehmen; grobe Schritte kamen gegen die Höhle, und eine raue Stimme rief: »Dort im Felsenloch könnten sie versteckt sein; ich will schauen gehen, wartet auf mich!« Mit diesen Worten zog der vorderste Herodesknecht sein Schwert hervor und näherte sich der Höhle. Vor dem Eingang blieb er verwundert stehen und rief zurück: »Hier können sie nicht sein; ein Spinnennetz überspannt die ganze Öffnung, und es ist kein einziger Faden gerissen. Da ist niemand drin!« Als das die Knechte hörten, zogen sie weiter.

Am Morgen trug Maria das Kind heraus. An einer Seite des Netzes rissen ein paar Fäden; aber die Spinne blieb ruhig sitzen. Als das Kind sie erblickte, streckte es die Hand aus und zeichnete auf ihren Rücken ein Kreuz. Noch heute trägt die Kreuzspinne dieses Zeichen. Und die Bachstelze? – Noch heute geht ihr Schwanz unermüdlich auf und ab, als ob sie gerade die Spuren im Sand verwischen wollte.

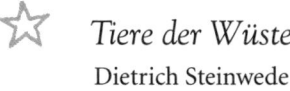

Tiere der Wüste
Dietrich Steinwede

Damals, als Josef, im Traum gewarnt, nach Ägypten zieht, fort auf Wüstenwegen, Maria bei sich und Christus, den Knaben, da geschieht es während der Reise: Maria setzt sich nieder mit Jesus, ganz nahe bei einer Höhle. Sie sitzt dort erschöpft auf dem felsigen Boden, Jesus in ihrem Schoß. Da – da kriechen aus dieser Höhle plötzlich furchtbare

Schlangen, unzählig viele, Josef schreit auf. Alle sind wie erstarrt. Die Schlangen zischen in sinnloser Wut. Damals, da ist geschehen: Das Kind steht auf, Christus, der Herr, vom Schoße seiner Mutter. Das Kind kann stehen auf seinen Füßen. Sanftmut geht von ihm aus. Und alle Schlangen, bedrohlich zischend, die legen sich plötzlich nieder. Sie liegen ringsum zu Füßen des Kindes. Die Schlangen zischen nicht mehr. Sie neigen ihren Kopf vor dem Kind. Sie ehren den Schöpfer der Welt. Und Christus, das Kind, geht ihnen voran und bringt sie in die Wüste.

Josef und Maria, die sind fast leblos vor Schrecken. Sie zittern und beben für ihr Kind, dass ihm kein Leid geschehe. Christus sieht, was die Eltern denken. Und Christus spricht zu ihnen: »Ich bin noch zart. Ich bin noch klein. Doch Gott ist mächtig in mir. Die Tiere der Wildnis spüren das. Und darum werden sie sanft.« Und dann geschieht es, dass Tiere der Wüste, Löwen und wilde Panther, dass sie den Sohn des Schöpfers erkennen. Sie kommen zu dem Kind und sie huldigen ihm. Maria aber zittert und bebt. Noch ist sie voller Angst. Da spricht das Kind zu seiner Mutter: »Kein Tier will dich bedrohen. Nur um zu dienen, kommen sie her. Du brauchst dich nicht zu fürchten! Schau sie an! Keines verletzt dich. Alle sind voller Sanftmut.«

Da weicht die Angst von der Mutter des Herrn. Das Kind hat ihr geholfen. Und die Tiere der Wildnis laufen voran. Sie zeigen den Weg durch die Wüste. Sie laufen mit den Schafen bei Josef, immer, bei Tag und bei Nacht. Die Tiere der Wildnis vergessen die Wildheit. Sie fressen Gras mit den

Schafen. Es ist, wie einstmals Jesaja sagte: Der Wolf ist bei dem Lamm. Der Löwe ist bei dem jungen Rind. Doch kein Tier frisst das andre.

So ist es geschehen in der Wüste: Wilde Tiere sind voller Sanftmut. So ist es geschehen bei Mensch und Tier: Friede ist unter ihnen, Friede des Himmels, Friede von Gott. Es ist ein Friede der Endzeit. Keine Schlange wird Christus bedrohen. Der Weg durch die Wüste ist sicher.

Nach der Verslegende »Maria« der Roswitha von Gandersheim

 ## Leontopolis
August Strindberg

Eine Karawane hatte auf einer Anhöhe ihr Lager aufgeschlagen, östlich von der alten ägyptischen Stadt Heliopolis. Es waren viele Menschen, lauter Hebräer. Sie waren auf Kamelen oder Eseln durch die Wüste gekommen, durch die gleiche Wüste, in der die Kinder Israels vor mehr als tausend Jahren umhergeirrt waren ...

Im abendlichen Dunkel, beim schwachen Schein des Halbmondes, waren Hunderte von Lagerfeuern zu sehen; an ihnen saßen Frauen mit ihren kleinen Kindern, während die Männer aus waren, Wasser zu holen. Noch nie hatte die Wüste so viele kleine Kinder gesehen, und als man sie zur Nacht rüstete, widerhallte das Lager von Kindergeschrei. Es war wie eine einzige große Kinderstube.

Aber als nun die Waschungen vorüber waren und die Kleinen an den Brüsten der Mütter lagen, da verstummten die Schreie, einer nach dem anderen, und es wurde ganz still im Lager.

Unter einer Sykomore saß eine Frau und säugte ihr Kind. Neben ihr stand ein Hebräer und legte seinem Esel Ginsterzweige unter. Als er dies besorgt hatte, stieg er die Anhöhe hinan und spähte nach Norden aus. Ein Fremder, der Tracht nach ein Römer, ging vorbei. Er musterte die Frau und das Kind, als ob er es mitzählen wollte. Der Hebräer wurde unruhig, und um dies zu verbergen, begann er mit dem Römer ein Gespräch: »Sag, Wandrer, ist das dort im Westen die Sonnenstadt?« »Sie ist es«, antwortete der Römer. »Das ist also Beth Semes!« »Es ist Heliopolis; von dorther haben die Griechen und die Römer ihre Weisheit geholt. Plato selbst ist dort gewesen ...« »Kann man Leontopolis auch von hier aus sehen?« »Du siehst zwei Meilen nordwärts die Zinnen des Tempels.« »Das ist also die Landschaft Gosen, in der unser Vater Abraham einkehrte und die Jakob zugeteilt wurde«, sagte der Hebräer, indem er sich seinem Weibe zuwandte, das aber nur mit einem Neigen des Kopfes antwortete. Hierauf sagte er zu dem Römer: »Israel wanderte aus Ägypten nach Kanaan, aber nach der Babylonischen Gefangenschaft zog ein Teil wieder hierher und ließ sich da nieder. Das weißt du wohl.« »Ich habe davon gehört. Seither haben sich die Israeliten so vermehrt, dass sie jetzt viele tausend Seelen zählen. Da haben sie einen eigenen Tempel gebaut; gerade den, den du in der Ferne siehst.

Wusstest du das?« »Ich habe davon gehört. Das ist aber römischer Boden?« – »Das ist er!« »Alles ist jetzt römisch: Sy-
rien, Kanaan, Griechenland, Ägypten ...« »Germanien, Gal-
lien, Britannien; die Welt gehört Rom, wie es die Cumäische
Sybille vorausgesagt hat.« »Ja! Aber die Welt soll durch Israel
erlöst werden, wie Gott selbst es unserem Vater Abraham
verheißen hat.« »Ich habe von dieser Fabel auch schon gehört, aber zur Zeit hat Rom die Verheißung. – Kommst du
von Jerusalem?« »Ich komme durch die Wüste, wie die anderen, und ich habe Weib und Kind bei mir.« »Kind, ja! Warum schleppt ihr so viele Kinder mit euch?«

Der Hebräer verstummte; da er aber annahm, dass der
Römer die Ursache kannte, und da jener im Übrigen wie ein
wohlwollender Mann aussah, entschloss er sich, die Wahrheit zu sagen. »Ja«, sagte er, »Herodes, dem Tetrachen, wurde von weisen Männern aus dem Morgenlande geweissagt,
der König der Juden sei in Bethlehem in Judäa geboren worden. Um der vermeidlichen Gefahr zu entgehen, ließ Herodes alle Knaben ermorden, die in der Gegend zu jener Zeit
geboren wurden, ganz so, wie Pharao damals hier unsere
Erstgeborenen töten ließ, und doch wurde Moses gerettet,
um unser Volk aus der ägyptischen Knechtschaft zu erlö-
sen!« »Was ist's mit diesem König? Wer sollte das sein?« »Das
ist der Messias, der Verheißene!« »Glaubst du, dass er geboren wurde?« »Das kann ich nicht wissen.« »Ich weiß, dass er
geboren wurde«, sagte der Römer. »Er wird die ganze Welt
beherrschen und alle Völker unter sein Zepter bringen.« »Wer
soll das sein?« »Kaiser Augustus.« »Ist er aus Abrahams Sa-

men oder aus Davids Haus? – Er ist es nicht. Und ist mit ihm Frieden gekommen, den Jesaja prophezeit hat: auf dass seine Herrschaft groß sei und des Friedens kein Ende? – Der Kaiser ist sicher kein Mann des Friedens.«

»Leb wohl, Kind Israels! Jetzt bist du römischer Untertan. Sei du zufrieden mit der Erlösung, die von Rom kommt; eine andere kennen wir nicht.«

Der Römer ging. Der Hebräer näherte sich seinem Weibe. »Maria!«, sagte er. »Josef!«, antwortete sie, »sei leise! Das Kind schläft.«

Asyl in Ägypten
Ernst Schnabel

Die Leute bei uns in Memphis haben gesagt, das käme vor und hätte nichts auf sich. Auch der Bäcker von nebenan hat damals nur gelacht und gesagt, wenn das so weitergehe, dann stießen sie eines Nachts noch zusammen. Aber er ist wenigstens dann und wann mit auf die Straße herausgekommen und hat hinaufgeschaut. Sonst sind wir nur wenige gewesen, die aufgepasst haben, und nur Tobias, der unten am Fluss die Ziegen hat, hat gewusst, dass es etwas bedeutete. »Was?«, hab ich gefragt. »Etwas Schlechtes?« – Das konnte er nicht sagen. Und ich hatte es zuerst entdeckt, auf der Straße. Wie ich im Dunkeln ging, dachte ich plötzlich: Was ist da Helles in der Luft? Aber wie ich hinaufsah, standen da nur Sterne. Im Norden waren drei helle, die standen dicht beieinander, nicht allzu dicht, eine Handbreit jeder vom anderen entfernt, aber von ihnen kam der Schein.

Das war im August. Aber im Oktober hat Tobias es mir gezeigt, und beinahe erschrak ich, denn die drei Sterne, die ich im August gesehen hatte, waren jetzt keine Handbreit mehr voneinander entfernt. Tobias sagte, sie schöben sich immer mehr zueinander hin; er schaute ihnen nun schon eine ganze Woche zu. Im November dann haben es alle gesehen. Aber der Bäcker hat nicht Recht gehabt; sie sind nicht zusammengestoßen; und ich glaube auch nicht, dass Tobias Recht hatte. Es ist nichts geschehen, also hatten die Sterne nichts zu bedeuten – nur dass die Flüchtlinge gleich danach kamen.

Zuerst kamen die aus Syene. Sie hatten alles verloren, als das Hochwasser war, ihre Häuser und Felder und ihr Hab und Gut. Dann kamen die aus Libyen, zwanzig vielleicht, fast alles Frauen. Und dann kamen die Armenier, ein ganzer Trupp. Bei uns in Memphis heißt es: Wenn einer flieht, flieht er nach Memphis. Das heißt, bei uns im Armenviertel sagen wir so. Die Leute in der Stadt drinnen, die nichts mit dem Armenviertel zu tun haben, merken es nicht, wenn Flüchtlinge kommen. Aber wir merken es, denn sie ziehen alle zu uns. Diesmal auch. Die aus Syene haben noch Platz gefunden, sie sind in die Lehmhütten am Fluss gezogen. Auch die Libyer trafen es noch ganz gut. Aber die Armenier wohnen in Erdlöchern. Und die zuletzt kamen, vier Tage nach den Armeniern und ganz für sich, der Mann, die Frau und das

Kind, die hausen in dem abgebrannten Schuppen gleich neben uns. Wir sind schon viele hier im Armenviertel und haben selbst nichts, da freut sich keiner, wenn welche kommen. Sie nehmen uns den Platz und das Essen weg und die Arbeit auch.

Unser Bäcker war aufgeregt, als sie kamen, er ist von einem zum anderen gelaufen und hat sie ausgefragt, so gut es ging. Die meisten sprechen ja eine fremde Sprache und verstehen kein Wort. Er hat sich erst beruhigt, als er erfuhr, dass kein Bäcker unter ihnen war, denn er hat Angst um sein Geschäft und fürchtet, dass wir nicht mehr bei ihm kaufen, wenn noch ein anderer Bäcker bei uns im Armenviertel aufmacht. Es ist wirklich, als kämen sie alle, die nicht wissen wohin, zu uns nach Memphis, wo wir so viele sind. Seht die Armenier an! Sie haben erzählt, dass sie ein ganzes Jahr unterwegs waren, nachdem sie aus ihrem Dorf vertrieben worden waren. Ein ganzes Jahr – um nach Memphis zu kommen! Jetzt hocken sie in ihren Erdhöhlen und ziehen nicht weiter, und wie viele Städte gab es unterwegs, wo sie hätten bleiben können. Auch der Mann und die Frau und das Kind, die zuletzt kamen ...

Ich habe sie kommen sehen. Ich war gerade bei Tobias unten am Fluss, da sahen wir ganz in der Ferne, auf der anderen Seite, wo die Wüste bis ans Ufer heranreicht, eine winzige Staubwolke. – »Es sind Reiter«, sagte Tobias. Wir waren beim Mittagessen. Als sie aber näher kamen und die Staubwolke doch nicht größer wurde, war Tobias nicht mehr so sicher, dass es Reiter seien, und wie sie dann am Flussufer standen und nicht wussten, wie sie herüberkommen sollten, hatten sie gar keine Pferde, sondern nur ein einziges Maultier. Darauf saß die Frau mit dem Kind. Der Mann ging neben ihr. Sie wussten nicht, wie sie herüberkommen sollten, und bald wurde es dunkel; dass es aber weiter oben eine Fähre gibt, war ihnen nicht bekannt. Zurufen konnten wir es ihnen nicht, dazu ist der Fluss zu breit. Am nächsten Morgen waren sie trotzdem in der Stadt; wer weiß, wie sie über den Fluss gekommen sind. Vielleicht haben sie die Fähre im Dunkeln noch gefunden.

Ihr seht, alle kommen zu uns, wir müssen immer enger zusammenrücken. Vorgestern habe ich den Mann gesehen. Zuerst habe ich gedacht, er wäre auch aus Armenien geflohen, weil er bald nach den Armeniern kam und aus derselben Richtung wie sie. Aber gestern sprach mein Vater mit ihm, und wie ich sie stehen sah, wusste ich gleich, er ist anderswoher, denn mein Vater kann nicht Armenisch, obgleich er mehrere Sprachen versteht. Er hat den Mann mit nach Hause genommen und ihm eine alte Decke geschenkt. Die wollte der Mann über den Schuppen spannen, damit sie ein Dach über dem Kopf hätten, und ein Stück davon wollte er der Frau geben für das Kind. Ich wollte mit ihnen ins Haus gehen, aber mein Vater schickte mich wieder hinaus. Lange Zeit haben sie hin und her geredet, und ich hörte es durchs offene Fenster draußen auf der Straße. Als es dann dunkel war, bin ich hineingegangen. Sie redeten nicht mehr, sondern saßen schweigend am Tisch.

Da fragte ich meinen Vater: »Woher ist der Mann?« »Unterbrich uns nicht«, sagte mein Vater. Als sie weiter schwiegen, fragte ich noch einmal: »Hat er dir nicht gesagt, woher er ist?« Mein Vater deutete mit dem Daumen zum Fluss hin: »Von drüben.« »Und weshalb sind sie geflohen?« »Der König hat sie verfolgt.« »Welcher König?« »Herodes oder so ...« Mein Vater antwortete mir, wenn auch einsilbig, und so ging ich an den Tisch und stellte mich zwischen ihn und den Mann, der still dasaß. »Da mussten sie fliehen?« »Ja, er hat Soldaten hinter ihnen hergeschickt, aber die haben sie nicht mehr eingeholt. Der Mann ist einen Tag vor den Soldaten aufgebrochen.« »Was wollten die Soldaten von ihnen?« »Das Kind wegnehmen.« »Wie alt ist das Kind?« »Vier Monate jetzt.«

Ich rechnete zurück: Es war zur Welt gekommen, als das mit den Sternen passiert war. Eigentlich hatte man gar nicht erkennen können, dass sie sich bewegten. Wenn man jeden Abend hinaufschaute, war es, als stünden sie überhaupt still, aber ließ man eine Woche oder zwei vergehen und ging dann plötzlich auf die Straße, dann merkte man es: Sie waren weitergewandert, einer zum andern hin, und die anderen Sterne in ihrer Nähe fingen an zu verblassen, so hell schienen sie. Als sie nur noch ein winziges Dreieck bildeten, sagte der Bäcker, es käme noch dazu, dass sie zusammenstießen. Er lachte, aber ich lachte nicht. Weiß einer, was passiert, wenn Sterne zusammenstoßen? Es ging mir nicht aus dem Kopf. Wenn ich die drei Sterne im Norden sah, dachte ich: Was soll werden? Dann kam die eine Nacht. Die Sterne schmolzen zusammen und leuchteten wie ein einziger Riesenstern. Ich war bei Tobias draußen, die ganze Nacht, ein Licht, heller als der Mond, fast weiß. Es ist nie wieder so hell gewesen wie in dieser Nacht.

Ich fragte meinen Vater: »Dürfen die Leute dort keine Kinder haben?« »Doch. Nur dieses nicht.« »Und woher wusste der Mann, dass die Soldaten kommen würden?« Mein Vater ließ mich einen Augenblick warten, ehe er antwortete: »Er hat es geahnt.« »Wie heißt der Mann?« »Ich hab ihn nicht gefragt.« »Und will er hierbleiben?« »Nein, er will wieder zurück.« »Aber die Soldaten!« »Erst wenn Herodes tot ist, will er zurück.« »Dann werden die, die nach Herodes kommen, das Kind holen und umbringen!« Mein Vater erwiderte nichts.

Nachdem der Mann gegangen war, lief ich noch einmal heimlich hinaus und erzählte Tobias alles, was ich von dem Mann und der Frau und dem Kind erfahren hatte. Und Tobias sagte, dass es viel besser gewesen wäre, wenn die Soldaten das Kind bekommen hätten; dann wäre den Leuten das Elend erspart geblieben, und dem Kind auch.

Auf dem Weg nach Hause kam ich an ihrem Schuppen vorbei. Da hörte ich, dass das Kind weinte: Aber auch die Frau weinte, ich hörte es. Ich schaute durch einen Spalt. In der Mitte brannte eine Laterne auf dem Boden. Das Maultier, das sie mitgebracht hatten, lag in der einen Ecke, mager wie es war, und in der anderen schlief der Mann auf der Erde. Die Frau saß auf einem Holzblock. Sie kehrte mir den Rücken zu, so dass ich ihr Gesicht nicht sah. Das Kind, das sie im Arm hatte, weinte nur noch ganz wenig. Und die Frau weinte überhaupt nicht, sie sang vielmehr leise; es hörte sich nur wie Weinen an.

Heute denke ich, dass Tobias sich irrt: Es wäre nicht besser gewesen, wenn die Soldaten den Mann und die Frau eingeholt hätten, auf der Flucht. Tobias hat die Frau nicht gesehen oder gehört; sie freut sich über das Kind. Und morgen will ich meinen Vater fragen, warum der Mann und die Frau gerade dieses Kind nicht behalten sollten.

Der Christusträger

Christopherus
Dietrich Steinwede

Er ist ein Riese von Gestalt. Er hat ein schreckliches Angesicht. Wie ein Schakal sieht er aus, »Opherus«, der Träger. Sie sagen, er sei in Kanaan geboren. Opherus will nur einem Herren dienen, dem mächtigsten Herrn der Erde. Und er kommt zu einem König, von dem sie sagen: »Es gibt keinen größeren in der Welt.« Dieser nimmt den Riesen auf: »Ja, bleib nur hier an meinem Hof!«

Lange dient Opherus diesem König. Eines Tages singt ein fahrender Sänger vor dem König. Er singt ein merkwürdiges Lied. Ein Wort kommt immer wieder vor, das Wort »Teufel«. Der König ist ein Christ. Jedes Mal, wenn er das Wort »Teufel« hört, schlägt er ein Kreuz über seiner Stirn. Opherus fragt: »Warum tust du das?« Der König spricht: »Der Teufel ist Herr dieser Welt, ein böser Herr. Ich wehre mich gegen ihn mit diesem Zeichen!« Da spricht Opherus: »Ich kann dir nicht mehr dienen, Herr. Du bist nicht der Mächtigste. Der Teufel ist mächtiger als du!«

Und Opherus macht sich auf, den Teufel zu suchen. Er sucht ihn landauf, landab. Eines Tages in der Wildnis, da ist eine Schar von Rittern. Einer unter ihnen ist schwarz, wild, schrecklich. »Wer bist du«, fragt Opherus, »ich suche den mächtigsten Herrn, den Teufel!« Jener spricht: »Ich bin's!« Da ist Opherus froh. Er gelobt dem Teufel den Dienst für ewige Zeiten. Er nimmt Teil an allen Untaten des Teufels. Er folgt ihm überall hin.

Eines Tages: Am Rande der Straße – ein Kreuz. Hoch ragt es auf. Erschrocken hält der Teufel inne. Er scheint wie gebannt von einer geheimnisvollen Macht. Plötzlich gibt er dem Pferd die Sporen. Er jagt davon. Er flieht vor dem Kreuz. Opherus fragt: »Hast du Angst vor dem Kreuz?« Jener spricht: »Einst lebte ein Mensch mit Namen Christus. Den schlug man ans Kreuz. Seitdem fliehe ich vor dem Kreuz, wenn ich es sehe.« Da weiß es Opherus: Der andere ist stärker, der mit dem Kreuz. Und er verlässt den Teufel.

Wieder macht er sich auf. Überall fragt er: »Kennt ihr Christus, vor dem sogar der Teufel sich fürchtet?« Niemand weiß eine Antwort. Alles Suchen ist vergeblich. Zuletzt kommt Opherus an eine ärmliche Hütte. Ein Einsiedler lebt dort. »Wo finde ich Christus? Sag es mir!« Opherus fragt. Der Einsiedler spricht. »Christus ist Herr aller Dinge. Ich kenne ihn. Du musst beten und fasten, dann findest du ihn!« »Fasten, das kann ich nicht«, ruft Opherus. »Ich bin groß. Ich muss essen. Ich kann nicht fasten. Gib mir einen anderen Auftrag. Ich will Christus dienen.« Der Einsiedler spricht: »Gut, ich zeige dir einen anderen Weg. Nebenbei ist ein Fluss, reißend, gefährlich, ohne Brücke, ohne Steg. Menschen müssen hinüberkommen. Du kannst ihnen helfen mit deiner Kraft. Trage sie hinüber! Dann dienst du Christus. Dann bist du ihm ganz nahe.« »Ja«, sagt Opherus, »das will ich gerne tun.«

Und er geht zum Fluss. Er baut sich eine Hütte am Ufer. Er holt sich einen Baumstamm aus dem Wald. Den nimmt er als Stange. Darauf stützt er sich, wenn er Menschen hinüberträgt über den reißenden Fluss. Tag und Nacht ist er am Fluss. Jeden trägt er hinüber.

Einmal, Opherus ruht sich aus in seiner Hütte, da eine Stimme, ein Kind, es ruft vom Ufer: »Komm, bring mich hinüber!« Opherus läuft hinaus. Aber er sieht niemand. Er geht zurück in seine Hütte. Da! Wieder die Stimme eines Kindes: »Komm, bring mich hinüber!« Opherus läuft hinaus. Aber er sieht niemand. Er geht zurück in seine Hütte. Da! Wieder die Stimme des Kindes: »Komm, bring mich hinüber!« Opherus läuft hinaus. Da findet er das Kind am Ufer. Er nimmt es auf die Schulter. Er packt seine Stange. Er geht mit dem Kind ins Wasser hinein. Doch das Wasser – es steigt und steigt. Das Kind wird schwer, immer schwerer, schwer wie Blei. Opherus geht weiter. Immer höher steigt das Wasser. Immer schwerer wird das Kind. Opherus geht unter Wasser. Es ist, als ob das Kind ihn untertaucht. Es ist wie eine Taufe.

Opherus kommt wieder hoch. Er erreicht das andere Ufer. Er setzt das Kind nieder. Er sagt: »Das war, als ob ich die ganze Welt getragen hätte, so unsäglich schwer.«

»Wundert dich das«, spricht das Kind, »du hast nicht nur die Welt getragen, sondern auch den, der sie erschuf. Ich bin Christus, dein Herr. Du hast mich gesucht und gefunden.

Du hast mir gedient. Du hast mich getragen. Du heißt jetzt Christus-Opherus, Christus-Träger. Christopherus ist dein Name. Nimm deine Stange. Pflanze sie ein am anderen Ufer, neben deiner Hütte. Am Morgen wird sie blühen. Sie wird Frucht tragen. Dann wirst du sehen, dass ich dein Herr bin, dass ich die Wahrheit sage.«

Das Kind ist verschwunden.

Christopherus aber geht hinüber. Er pflanzt seinen Baumstamm ein. Am nächsten Morgen – da: Blätter, Blüten, reifende Früchte ...

Quellenverzeichnis

Seite 14: »Vom Engel, der am Weihnachtsabend weinte« von Werner Reiser. © beim Autor.

Seite 21: »Wie sich der Engel für den Esel entschied« von Hans Baumann. © 1988 Elisabeth Baumann, Murna.

Seite 25: »Wenn das man gut geht« von Rudolf Otto Wiemer. © Rudolf Otto Wiemer Erben, Hildesheim.

Seite 32: »Bericht des alten Hirten« von Rudolf Hagelstange. Aus: ders., Und es geschah zur Nacht. Mein Weihnachtsbuch. © 1978 Paul List Verlag, München.

Seite 39: »Das Flötenlied« von Max Bolliger. © beim Autor.

Seite 41: »Der Tölpel« von Max Bolliger. © beim Autor.

Seite 44: »Vom Hirten, der nicht nach Bethlehem gehen wollte« von Werner Reiser. © beim Autor.

Seite 50: »Die Feierstunde der Welt« von Walter Schmidkunz. Aus: ders., Christusmärchen. © Rosenheimer Verlagshaus, Rosenheim 1980.

Seite 53: »Die Flügel der Freude« von Hans Baumann. © 1988 Elisabeth Baumann, Murnau.

Seite 54: »Ochs und Esel bei dem Kind« von Roland Schönfelder. Aus: Ochs und Esel geben sich die Ehre. Neues Werkbuch für Advent und Weihnachten, hrsg. von Peter Musall. © 1991 Burckhardthaus – Laetare Verlag, Offenbach/Main.

Seite 56: »Die Katze von Bethlehem« von Rudolf Otto Wiemer. © Rudolf Otto Wiemer Erben, Hildesheim.

Seite 61: »Die Stunde des Wolfs« von Maria Hermann. Aus: In Bethlehem lag kein Schnee. Geschichten um Weihnachten, hrsg. von